Les Dimanches
d'un bourgeois de Paris
et autres aventures parisiennes

Notes et postface de
Jérôme Solal

Couverture de
Olivier Fontvieille

ÉDITIONS MILLE ET UNE NUITS

GUY DE MAUPASSANT
n° 457

Texte intégral

Ce recueil comprend les nouvelles :
« Les Dimanches d'un bourgeois de Paris » (*Le Gaulois*, 1880),
« Une aventure parisienne » (*Gil Blas*, 1881),
« Promenade » (*Gil Blas*, 1884),
et « L'Endormeuse » (*L'Écho de Paris*, 1889).

Notre adresse Internet : www.1001nuits.com

© Mille et une nuits, département de la Librairie Arthème Fayard,
septembre 2004 pour la présente édition.
ISBN : 978-2-84205-854-8

Sommaire

Guy de Maupassant
Les Dimanches d'un bourgeois de Paris
page 7

Une aventure parisienne
page 93

Promenade
page 105

L'Endormeuse
page 115

Jérôme Solal
Impasses de Paris
page 131

Vie de Guy de Maupassant
page 139

Repères bibliographiques
page 142

GUY DE MAUPASSANT

Les Dimanches d'un bourgeois de Paris
et autres aventures parisiennes

Les dimanches d'un bourgeois de Paris

I
Préparatifs de voyage

Monsieur Patissot, né à Paris, après avoir fait, comme beaucoup d'autres, de mauvaises études au collège Henri IV, était entré dans un ministère par la protection d'une de ses tantes, qui tenait un débit de tabac où s'approvisionnait un chef de division[1].

Il avança très lentement et serait peut-être mort commis de quatrième classe, sans le paterne hasard qui dirige parfois nos destinées.

Il a aujourd'hui cinquante-deux ans, et c'est à cet âge seulement qu'il commence à parcourir, en touriste, toute cette partie de la France qui s'étend entre les fortifications et la province.

Récit publié dans *Le Gaulois* des 31 mai, 7, 14, 21, 28 juin, 12, 19, 26 juillet, 2 et 16 août 1880.
1. En 1872, Maupassant obtient un poste au ministère de la Marine. Sa demande a été appuyée par son père.

L'histoire de son avancement peut être utile à beaucoup d'employés, comme le récit de ses promenades servira sans doute à beaucoup de Parisiens qui les prendront pour itinéraires de leurs propres excursions, et sauront, par son exemple, éviter certaines mésaventures qui lui sont advenues.

M. Patissot, en 1854, ne touchait encore que 1 800 francs. Par un effet singulier de sa nature, il déplaisait à tous ses chefs, qui le laissaient languir dans l'attente éternelle et désespérée de l'augmentation, cet idéal de l'employé.

Il travaillait pourtant ; mais il ne savait pas le faire valoir : et puis il était trop fier, disait-il. Et puis sa fierté consistait à ne jamais saluer ses supérieurs d'une façon vile et obséquieuse, comme le faisaient, à son avis, certains de ses collègues qu'il ne voulait pas nommer. Il ajoutait encore que sa franchise gênait bien des gens, car il s'élevait, comme tous les autres d'ailleurs, contre les passe-droits, les injustices, les tours de faveur donnés à des inconnus, étrangers à la bureaucratie. Mais sa voix indignée ne passait jamais la porte de la case où il besognait, selon son mot : « Je besogne… dans les deux sens, monsieur. »

Comme employé d'abord, comme Français ensuite, comme homme d'ordre enfin, il se ralliait, par principe, à tout gouvernement établi, étant fanatique du pouvoir… autre que celui des chefs.

Chaque fois qu'il en trouvait l'occasion, il se postait sur le passage de l'Empereur afin d'avoir l'honneur de se découvrir : et il s'en allait tout orgueilleux d'avoir salué le chef de l'État.

À force de contempler le souverain, il fit comme beaucoup : il l'imita dans la coupe de sa barbe, l'arrangement de ses cheveux, la forme de sa redingote, sa démarche, son geste – combien d'hommes, dans chaque pays, semblent des portraits du Prince ! Il avait peut-être une vague ressemblance avec Napoléon III, mais ses cheveux étaient noirs – il les teignit. Alors la similitude fut absolue ; et, quand il rencontrait dans la rue un autre monsieur représentant aussi la figure impériale, il en était jaloux et le regardait dédaigneusement. Ce besoin d'imitation devint bientôt son idée fixe, et, ayant entendu un huissier des Tuileries contrefaire la voix de l'Empereur, il en prit à son tour les intonations et la lenteur calculée.

Il devint ainsi tellement pareil à son modèle qu'on les aurait confondus, et des gens au ministère, des hauts fonctionnaires, murmuraient, trouvant la chose inconvenante, grossière même ; on en parla au ministre, qui manda cet employé devant lui. Mais, à sa vue, il se mit à rire, et répéta deux ou trois fois : « C'est drôle, vraiment drôle ! » On l'entendit, et le lendemain, le supérieur direct de Patissot proposa son subordonné pour un avancement de trois cents francs, qu'il obtint immédiatement.

Depuis lors, il marcha d'une façon régulière, grâce à cette faculté simiesque d'imitation. Même une inquiétude vague, comme le pressentiment d'une haute fortune suspendue sur sa tête, gagnait ses chefs, qui lui parlaient avec déférence.

Mais quand la République arriva, ce fut un désastre pour lui[1]. Il se sentit noyé, fini, et, perdant la tête, cessa de se teindre, se rasa complètement et fit couper ses cheveux court, obtenant ainsi un aspect paterne et doux fort peu compromettant.

Alors, les chefs se vengèrent de la longue intimidation qu'il avait exercée sur eux, et, devenant tous républicains par instinct de conservation, ils le persécutèrent dans ses gratifications et entravèrent son avancement. Lui aussi changea d'opinion ; mais la République n'étant pas un personnage palpable et vivant à qui l'on peut ressembler, et les présidents se suivant avec rapidité, il se trouva plongé dans le plus cruel embarras, dans une détresse épouvantable, arrêté dans tous ses besoins d'imitation, après l'insuccès d'une tentative vers son idéal dernier : M. Thiers[2].

Mais il lui fallait une manifestation nouvelle de sa personnalité. Il chercha longtemps ; puis, un matin, il se présenta au bureau avec un chapeau neuf qui portait comme cocarde, au côté droit, une très petite rosette tricolore. Ses collègues furent stupéfaits ; on en rit toute la journée, et le lendemain encore, et la semaine, et le mois. Mais la gravité de son attitude à la

---

1. La Troisième République est proclamée le 4 septembre 1870.
2. Thiers devient chef du pouvoir exécutif de la Troisième République le 17 février 1871.

fin les déconcerta ; et les chefs encore une fois furent inquiets. Quel mystère cachait ce signe ? Était-ce une simple affirmation de patriotisme ? – ou le témoignage de son ralliement à la République ? – ou peut-être la marque secrète de quelque affiliation puissante ? – Mais alors, pour la porter si obstinément, il fallait être bien assuré d'une protection occulte et formidable. Dans tous les cas il était sage de se tenir sur ses gardes, d'autant plus que son imperturbable sang-froid devant toutes les plaisanteries augmentait encore les inquiétudes. On le ménagea derechef, et son courage à la Gribouille le sauva, car il fut enfin nommé commis principal, le 1er janvier 1880.

Toute sa vie avait été sédentaire. Resté garçon par amour du repos et de la tranquillité, il exécrait le mouvement et le bruit. Ses dimanches étaient généralement passés à lire des romans d'aventures et à régler avec soin des transparents qu'il offrait ensuite à ses collègues. Il n'avait pris, en son existence, que trois congés, de huit jours chacun, pour déménager. Mais quelquefois, aux grandes fêtes, il partait par un train de plaisir à destination de Dieppe ou du Havre, afin d'élever son âme au spectacle imposant de la mer.

Il était plein de ce bon sens qui confine à la bêtise. Il vivait depuis longtemps tranquille, avec économie, tempérant par prudence, chaste d'ailleurs par tempérament, quand une inquiétude horrible l'envahit. Dans la rue, un soir, tout à coup, un étourdissement le prit qui lui fit craindre une attaque. S'étant transporté chez un médecin, il en obtint, moyennant cent sous, cette ordonnance :

« M. X..., cinquante-deux ans, célibataire, employé. – Nature sanguine, menace de congestion. – Lotions d'eau froide, nourriture modérée, beaucoup d'exercice.

Montellier. D. M. P.[1] »

Patissot fut atterré, et pendant un mois, dans son bureau, il garda tout le jour, autour du front, sa serviette mouillée, roulée en manière de turban, tandis que des gouttes d'eau, sans cesse, tombaient sur ses expéditions, qu'il lui fallait recommencer. Il relisait à tout instant l'ordonnance, avec l'espoir, sans doute, d'y trouver un sens inaperçu, de pénétrer la pensée secrète du médecin, et de découvrir aussi quel exercice favorable pourrait bien le mettre à l'abri de l'apoplexie.

Alors il consulta ses amis, en leur exhibant le funeste papier. L'un d'eux lui conseilla la boxe. Il s'enquit aussitôt d'un professeur et reçut, dès le premier jour, sur le nez, un coup de poing droit qui le détacha à jamais de ce divertissement salutaire. La canne le fit râler d'essoufflement, et il fut si bien courbaturé par l'escrime, qu'il en demeura deux nuits sans dormir. Alors il eut une illumination. C'était de visiter à

---
1. Docteur-médecin de la Faculté de Paris..

pied, chaque dimanche, les environs de Paris et même certaines parties de la capitale qu'il ne connaissait pas.

Son équipement pour ces voyages occupa son esprit toute une semaine, et le dimanche, trentième jour de mai, il commença les préparatifs.

Après avoir lu toutes les réclames les plus baroques, que de pauvres diables, borgnes ou boiteux, distribuent au coin des rues avec importunité, il se rendit dans les magasins avec la simple intention de voir, se réservant d'acheter plus tard.

Il visita d'abord l'établissement d'un bottier soi-disant américain, demandant qu'on lui montrât de forts souliers pour voyages ! On lui exhiba des espèces d'appareils blindés en cuivre comme des navires de guerre, hérissés de pointes comme une herse de fer, et qu'on lui affirma être confectionnés en cuir de bison des montagnes Rocheuses. Il fut tellement enthousiasmé qu'il en aurait volontiers acheté deux paires. Une seule lui suffisait cependant. Il s'en contenta ; et il partit, la portant sous son bras, qui fut bientôt tout engourdi.

Il se procura un pantalon de fatigue en velours à côtes, comme ceux des ouvriers charpentiers ; puis des guêtres de toile à voile passées à l'huile et montant jusqu'aux genoux.

Il lui fallut encore un sac de soldat pour ses provisions, une lunette marine afin de reconnaître les villages éloignés, pendus aux flancs des coteaux ; enfin une carte de l'état-major qui lui permettrait de se diriger, sans demander sa route aux paysans courbés au milieu des champs.

Puis, pour supporter plus facilement la chaleur, il se résolut à acquérir un léger vêtement d'alpaga que la célèbre maison Raminau livrait en première qualité, suivant ses annonces, pour la modique somme de six francs cinquante centimes.

Il se rendit dans cet établissement, et un grand jeune homme distingué, avec une chevelure entretenue à la Capoul[1], des ongles roses comme ceux des dames, et un sourire toujours aimable, lui fit voir le vêtement demandé. Il ne répondit pas à la magnificence de l'annonce. Alors Patissot, hésitant, interrogea : « Mais enfin, monsieur, est-ce d'un bon usage ? » L'autre détourna les yeux avec un embarras bien joué comme un honnête homme qui ne veut pas tromper la confiance d'un client, et, baissant le ton d'un air hésitant : « Mon Dieu, monsieur, vous comprenez que pour six francs cinquante on ne peut pas livrer un article pareil à celui-ci par exemple... » Et il prit un veston sensiblement mieux que le premier. Après l'avoir examiné, Patissot s'informa du prix. « Douze francs cinquante. » C'était tentant. Mais, avant de se décider, il interrogea de nouveau le grand jeune homme, qui le regardait fixement, en observateur. « Et... c'est très bon cela ? vous le garantissez ? – Oh ! certainement, monsieur, c'est excellent et souple ! Il

---

[1]. Victor Capoul (1839-1924), ténor, interprète d'opéras-comiques.

ne faudrait pas, bien entendu, qu'il fût mouillé ! Oh ! pour être bon, c'est bon ; mais vous comprenez bien qu'il y a marchandise et marchandise. Pour le prix, c'est parfait. Douze francs cinquante, songez donc, ce n'est rien. Il est bien certain qu'une jaquette de vingt-cinq francs vaudra mieux. Pour vingt-cinq francs, vous avez tout ce qu'il y a de supérieur ; aussi fort que le drap, plus durable même. Quand il a plu, un coup de fer la remet à neuf. Cela ne change jamais de couleur, ne rougit pas au soleil. C'est en même temps plus chaud et plus léger. » Et il déployait sa marchandise, faisait miroiter l'étoffe, la froissait, la secouait, la tendait pour faire valoir l'excellence de la qualité. Il parlait interminablement, avec conviction, dissipant les hésitations par le geste et par la rhétorique.

Patissot fut convaincu, il acheta. L'aimable vendeur ficela le paquet, parlant encore, et devant la caisse, près de la porte, il continuait à vanter avec emphase la valeur de l'acquisition. Quand elle fut payée, il se tut soudain, salua d'un « Au plaisir, monsieur » qu'accompagnait un sourire d'homme supérieur, et tenant le vantail ouvert, il regardait partir son client, qui tâchait en vain de le saluer, ses deux mains étant chargées de paquets.

M. Patissot, rentré chez lui, étudia avec soin son premier itinéraire et voulut essayer ses souliers, dont les garnitures ferrées faisaient des sortes de patins. Il glissa sur le plancher, tomba et se promit de faire attention. Puis il étendit sur des chaises toutes ses emplettes, qu'il considéra longtemps, et il s'endormit avec cette pensée : « C'est étrange que je n'aie pas songé plus tôt à faire des excursions à la campagne ! »

II
Première sortie

M. Patissot travailla mal, toute la semaine, à son ministère. Il rêvait à l'excursion projetée pour le dimanche suivant, et un grand désir de campagne lui était venu tout à coup, un besoin de s'attendrir devant les arbres, cette soif d'idéal champêtre qui hante au printemps les Parisiens.

Il se coucha le samedi de bonne heure, et dès le jour il fut debout.

Sa fenêtre donnait sur une cour étroite et sombre, une sorte de cheminée où montaient sans cesse toutes les puanteurs des ménages pauvres. Il leva les yeux aussitôt vers le petit carré de ciel qui apparaissait entre les toits, et il aperçut un morceau de bleu foncé, plein de soleil déjà, traversé sans cesse par des vols d'hirondelles qu'on ne pouvait suivre qu'une seconde. Il se dit que, de là-haut, elles devaient découvrir la campagne lointaine, la verdure des coteaux boisés, tout un déploiement d'horizons.

Alors une envie désordonnée lui vint de se perdre dans la fraîcheur des feuilles. Il s'habilla bien vite, chaussa ses formidables souliers et demeura très longtemps à sangler ses guêtres dont il n'avait point l'habitude. Après avoir chargé sur le dos son sac bourré de viande, de fromages et de bouteilles de vin (car l'exercice assurément lui creuserait l'estomac), il partit, sa canne à la main.

Il prit un pas de marche bien rythmé (celui des chasseurs, pensait-il), en sifflotant des airs gaillards qui rendaient plus légère son allure. Des gens se retournaient pour le voir, un chien jappa ; un cocher, en passant, lui cria : « Bon voyage, monsieur Dumolet ! » Mais lui s'en fichait carrément, et il allait sans se retourner, toujours plus vite, faisant, d'un air crâne, le moulinet avec sa canne.

La ville s'éveillait joyeuse, dans la chaleur et la lumière d'une belle journée de printemps. Les façades des maisons luisaient, les serins chantaient dans leurs cages, et une gaieté courait les rues, éclairait les visages, mettait un rire partout, comme un contentement des choses sous le clair soleil levant.

Il gagnait la Seine pour prendre l'*Hirondelle*[1] qui le déposerait à Saint-Cloud et, au milieu de l'ahurissement des passants, il suivit la rue de la Chaussée-d'Antin, le boulevard, la rue Royale, se comparant mentalement au Juif errant[2]. En remontant sur un

---
1. Bateau-Mouche.
2. La légende dit que, pour avoir offensé le Christ sur le chemin de Croix, le Juif errant a été condamné par Dieu à marcher sur la Terre jusqu'au jour du Jugement dernier.

trottoir, les armatures ferrées de ses chaussures encore une fois glissèrent sur le granit, et lourdement, il s'abattit, avec un bruit terrible dans son sac. Des passants le relevèrent, et il se remit en marche plus doucement, jusqu'à la Seine où il attendit une *Hirondelle.*

Là-bas, très loin, sous les ponts, il la vit apparaître, toute petite d'abord, puis plus grosse, grandissant toujours, et elle prenait en son esprit des allures de paquebot, comme s'il allait partir pour un long voyage, passer les mers, voir des peuples nouveaux et des choses inconnues. Elle accosta et il prit place. Des gens endimanchés étaient déjà dessus, avec des toilettes voyantes, des rubans de chapeau éclatants et de grosses figures écarlates. Patissot se plaça, tout à l'avant, debout, les jambes écartées à la façon des matelots, pour faire croire qu'il avait beaucoup navigué. Mais, comme il redoutait les petits remous des *Mouches*, il s'arc-boutait sur sa canne, afin de bien maintenir son équilibre.

Après la station du Point-du-Jour, la rivière s'élargissait, tranquille sous la lumière éclatante ; puis, lorsqu'on eut passé entre deux îles, le bateau suivit un coteau tournant dont la verdure était pleine de maisons blanches. Une voix annonça le Bas-Meudon, puis Sèvres, enfin Saint-Cloud, et Patissot descendit.

Aussitôt sur le quai, il ouvrit sa carte de l'état-major, pour ne commettre aucune erreur.

C'était, du reste, très clair. Il allait par ce chemin trouver la Celle[1], tourner à gauche, obliquer un peu à droite, et gagner, par cette route, Versailles dont il visiterait le parc avant dîner.

Le chemin montait et Patissot soufflait, écrasé sous le sac, les jambes meurtries par ses guêtres, et traînant dans la poussière ses gros souliers, plus lourds que des boulets. Tout à coup, il s'arrêta avec un geste de désespoir. Dans la précipitation de son départ, il avait oublié sa lunette marine !

Enfin, voici les bois. Alors, malgré l'effroyable chaleur, malgré la sueur qui lui coulait du front, et le poids de son harnachement, et les soubresauts de son sac, il courut, ou plutôt il trotta vers la verdure, avec de petits bonds, comme les vieux chevaux poussifs.

Il entra sous l'ombre, dans une fraîcheur délicieuse, et un attendrissement le prit devant les multitudes de petites fleurs diverses, jaunes, rouges, bleues, violettes, fines, mignonnes, montées sur de longs fils, épanouies le long des fossés. Des insectes de toutes couleurs, de toutes les formes, trapus, allongés, extraordinaires de construction, des monstres effroyables et microscopiques, faisaient péniblement des ascensions de brins d'herbe qui ployaient sous leur poids. Et Patissot admira sincèrement la création. Mais, comme il était exténué, il s'assit.

---

1. La Celle-Saint-Cloud, dans les Yvelines, près de Saint-Germain-en-Laye.

Alors il voulut manger. Une stupeur le prit devant l'intérieur de son sac. Une des bouteilles s'était cassée, dans sa chute assurément, et le liquide, retenu par l'imperméable toile cirée, avait fait une soupe au vin de ses nombreuses provisions.

Il mangea cependant une tranche de gigot bien essuyée, un morceau de jambon, des croûtes de pain ramollies et rouges, en se désaltérant avec du bordeaux fermenté, couvert d'une écume rose désagréable à l'œil.

Et, quand il se fut reposé plusieurs heures, après avoir de nouveau consulté sa carte, il repartit.

Au bout de quelque temps, il se trouva dans un carrefour que rien ne faisait prévoir. Il regarda le soleil, tâcha de s'orienter, réfléchit, étudia longtemps toutes les petites lignes croisées qui, sur le papier, figuraient des routes, et se convainquit bientôt qu'il était absolument égaré.

Devant lui s'ouvrait une ravissante allée dont le feuillage un peu grêle laissait pleuvoir partout, sur le sol, des gouttes de soleil qui illuminaient des marguerites blanches cachées dans les herbes. Elle était allongée interminablement, et vide, et calme. Seul, un gros frelon solitaire et bourdonnant la suivait, s'arrêtant parfois sur une fleur qu'il inclinait, et repartait presque aussitôt pour se reposer encore un peu plus loin. Son corps énorme semblait en velours brun rayé de jaune, porté par des ailes transparentes, et démesurément petites. Patissot l'observait avec un profond intérêt, quand quelque chose remua sous ses pieds. Il eut peur d'abord, et sauta de côté ; puis, se penchant avec précaution, il aperçut une grenouille, grosse comme une noisette, qui faisait des bonds énormes.

Il se baissa pour la prendre, mais elle lui glissa dans les mains. Alors, avec des précautions infinies, il se traîna vers elle, sur les genoux, avançant tout doucement, tandis que son sac, sur son dos, semblait une carapace énorme et lui donnait l'air d'une grosse tortue en marche. Quand il fut près de l'endroit où la bestiole s'était arrêtée, il prit ses mesures, jeta ses deux mains en avant, tomba le nez dans le gazon, se releva avec deux poignées de terre et point de grenouille. Il eut beau chercher, il ne la retrouva pas.

Dès qu'il se fut remis debout, il aperçut là-bas très loin deux personnes qui venaient vers lui en faisant des signes. Une femme agitait son ombrelle, et un homme, en manches de chemise, portait sa redingote sur son bras. Puis la femme se mit à courir, appelant : « Monsieur ! Monsieur, nous sommes perdus, tout à fait perdus ! » Une pudeur l'empêcha de faire le même aveu et il affirma gravement : « Vous êtes sur la route de Versailles. – Comment, sur la route de Versailles ? mais nous allons à Rueil. » Il se troubla, puis répondit néanmoins effrontément : « Madame, je vais vous montrer, avec ma carte d'état-major, que vous êtes bien sur la route de Versailles. » Le mari s'approchait. Il avait un aspect éperdu, désespéré. La femme, jeune, jolie, une brunette énergique, s'emporta, dès qu'il fut près d'elle : « Viens voir ce que tu as fait : nous sommes à Versailles, maintenant. Tiens, regarde la carte d'état-major que monsieur aura la bonté de te montrer. Sauras-tu lire, seulement ? Mon Dieu ! mon Dieu ! comme il y a des gens stupides ! Je t'avais dit pourtant de prendre à droite, mais tu n'as pas voulu ; tu crois toujours tout savoir. » Le pauvre garçon semblait désolé. Il répondit : « Mais, ma bonne amie, c'est toi... » Elle ne le laissa pas achever, et lui reprocha toute sa vie, depuis leur mariage, jusqu'à l'heure présente. Lui, tournait des yeux lamentables vers les taillis, dont il semblait vouloir pénétrer la profondeur, et, de temps en temps, comme pris de folie, il poussait un cri perçant, quelque chose comme « tiiit » qui ne semblait nullement étonner sa femme, mais qui emplissait Patissot de stupéfaction.

La jeune dame, tout à coup, se tournant vers l'employé avec un sourire : « Si monsieur veut bien le permettre, nous ferons route avec lui pour ne pas nous égarer de nouveau et nous exposer à coucher dans le bois. » Ne pouvant refuser, il s'inclina, le cœur torturé d'inquiétudes, et ne sachant où il allait les conduire.

Ils marchèrent longtemps ; l'homme toujours criait : « tiiit » ; le soir tomba. Le voile de brume qui couvre la campagne au crépuscule se déployait lentement, et une poésie flottait, faite de cette sensation de fraîcheur particulière et charmante qui emplit le bois à l'approche de la nuit. La petite femme avait pris le bras de Patissot et elle continuait, de sa bouche rose, à cracher des reproches pour son mari, qui, sans lui répondre, hurlait sans cesse : « tiiit », de plus en plus fort. Le gros employé, à la fin lui demanda : « Pourquoi criez-vous comme ça ? » L'autre, avec des larmes dans les yeux, lui répondit : « C'est mon pauvre chien que j'ai perdu. – Comment ! vous avez perdu votre chien ? – Oui, nous l'avions élevé à Paris ; il n'était jamais venu à la campagne, et, quand il a vu des feuilles, il fut tellement content qu'il s'est mis à courir comme un fou. Il est entré dans le bois, et j'ai eu beau l'appeler, il n'est pas revenu. Il va mourir de faim là-dedans... tiiit... » La femme haussait les épaules. « Quand on est aussi bête que toi, on n'a pas de chien ! » Mais il s'arrêta, se tâtant le corps fiévreusement. Elle le regardait : « Eh bien, quoi ! – Je n'ai pas fait attention que j'avais ma redingote sur mon bras. J'ai perdu mon portefeuille... Mon argent était dedans. » Cette fois, elle suffoqua de colère : « Eh bien, va le chercher ! » Il répondit doucement : « Oui, mon amie, où vous retrouverai-je ? » Patissot répondit hardiment : « Mais à Versailles ! » Et, ayant entendu parler de l'Hôtel des Réservoirs, il l'indiqua. Le mari se retourna et, courbé vers la terre que son œil anxieux parcourait, criant : « tiiit » à tout moment, il s'éloigna. Il fut longtemps à disparaître ; l'ombre plus épaisse l'enveloppa, et sa voix encore, de très loin, envoyait son « tiiit » lamentable, plus aigu à mesure que la nuit se faisait plus noire et que son espoir s'éteignait.

Patissot fut délicieusement ému quand il se trouva seul, sous l'ombre touffue du bois, à cette heure langoureuse du crépuscule, avec cette petite femme inconnue qui s'appuyait à son bras. Et, pour la première fois de sa vie égoïste, il pressentit le charme des poétiques amours, la douceur des abandons, et la participation de la nature à nos tendresses qu'elle enveloppe. Il cherchait des mots galants, qu'il ne trouvait pas, d'ailleurs. Mais une grand-route se montra, des maisons apparurent à droite ; un homme passa. Patissot, tremblant, demanda le nom du pays. « Bougival. – Comment ! Bougival ? vous êtes sûr ? – Parbleu ! j'en suis. »

La femme riait comme une petite folle. L'idée de son mari perdu la rendait malade de rire. On dîna au bord de l'eau, dans un restaurant champêtre. Elle fut charmante, enjouée, racontant mille histoires drôles, qui tournaient un peu la cervelle à son voisin. Puis, au départ, elle s'écria : « Mais j'y pense, je n'ai pas le sou, puisque mon mari a perdu son portefeuille. » Patissot s'empressa, ouvrit sa bourse, offrit de prêter ce qu'il faudrait, tira un louis, s'imaginant qu'il ne pourrait présenter moins. Elle ne disait rien, mais elle tendit la main, prit l'argent, prononça un « merci » grave qu'un sourire suivit bientôt, noua en minaudant son chapeau devant la glace, ne permit pas qu'on l'accompagnât, maintenant qu'elle savait où aller, et partit finalement comme un oiseau qui s'envole, tandis que Patissot, très morne, faisait mentalement le compte des dépenses de la journée.

Il n'alla pas au ministère le lendemain, tant il avait la migraine.

III
Chez un ami

Pendant toute la semaine, Patissot raconta son aventure, et il dépeignait poétiquement les lieux qu'il avait traversés, s'indignant de rencontrer si peu d'enthousiasme autour de lui. Seul, un vieil expéditionnaire toujours taciturne, M. Boivin, surnommé Boileau, lui prêtait une attention soutenue. Il habitait lui-même la campagne, avait un petit jardin qu'il cultivait avec soin ; il se contentait de peu, et était parfaitement heureux, disait-on. Patissot, maintenant, comprenait ses goûts, et la concordance de leurs aspirations les rendit tout de suite amis. Le père Boivin, pour cimenter cette sympathie naissante, l'invita à déjeuner pour le dimanche suivant dans sa petite maison de Colombes.

Patissot prit le train de huit heures et, après de nombreuses recherches, découvrit, juste au milieu de la ville, une espèce de ruelle obscure, un cloaque fangeux entre deux hautes murailles et, tout au bout, une porte pourrie, fermée avec une ficelle enroulée à deux clous. Il ouvrit et se trouva face à face avec un être innommable qui devait cependant être une femme. La poitrine semblait enveloppée de torchons sales, des jupons en loques pendaient autour des hanches, et, dans ses cheveux embroussaillés, des plumes de pigeon voltigeaient. Elle regardait le visiteur d'un air furieux avec ses petits yeux gris ; puis, après un moment de silence, elle demanda :

« Qu'est-ce que vous désirez ?
– M. Boivin.
– C'est ici. Qu'est-ce que vous lui voulez, à M. Boivin ? »

Patissot, troublé, hésitait.
« Mais il m'attend. »
Elle eut l'air encore plus féroce et reprit :
« Ah ! c'est vous qui venez pour le déjeuner ? »
Il balbutia un « oui » tremblant. Alors, se tournant vers la maison, elle cria d'une voix rageuse :
« Boivin, voilà ton homme ! »

Le petit père Boivin aussitôt parut sur le seuil d'une sorte de baraque en plâtre, couverte en zinc, avec un rez-de-chaussée seulement, et qui ressemblait à une chaufferette. Il avait un pantalon de coutil blanc maculé de taches de café et un panama crasseux. Après avoir serré les mains de Patissot, il l'emmena dans ce qu'il appelait son jardin : c'était, au bout d'un nouveau couloir fangeux, un petit carré de terre grand comme un mouchoir et entouré de maisons, si hautes, que le soleil y donnait seulement pendant deux ou trois heures par jour. Des pensées, des œillets, des ravenelles[1], quelques rosiers, agonisaient au fond de ce puits sans air et chauffé comme un four par la réverbération des toits.

« Je n'ai pas d'arbres, disait Boivin, mais les murs des voisins m'en tiennent lieu, et j'ai de l'ombre comme dans un bois. »

Puis, prenant Patissot par un bouton :

« Vous allez me rendre un service. Vous avez vu la bourgeoise : elle n'est pas commode, hein ! Mais vous n'êtes pas au bout, attendez le déjeuner. Figurez-vous que, pour m'empêcher de sortir, elle ne me donne pas mes habits de bureau, et ne me laisse que des hardes trop usées pour la ville. Aujourd'hui j'ai des effets propres ; je lui ai dit que nous dînions ensemble. C'est entendu. Mais je ne peux pas arroser, de peur de tacher mon pantalon. Si je tache mon pantalon, tout est perdu ! J'ai compté sur vous, n'est-ce pas ? »

Patissot y consentit, ôta sa redingote, retroussa ses manches et se mit à fatiguer à tour de bras une espèce de pompe qui sifflait, soufflait, râlait comme un poitrinaire, pour lâcher un filet d'eau pareil à l'écoulement d'une fontaine Wallace[2]. Il fallut dix minutes

---
1. Giroflées des jardins, robustes et d'aspect rustique.
2. Conçues par Richard Wallace (1818-1890) qui les propose à la ville de Paris, les premières fontaines Wallace sont installées en septembre 1872.

pour emplir un arrosoir. Patissot était en nage. Le père Boivin le guidait :

« Ici, à cette plante... encore un peu... Assez ! À cette autre. »

Mais l'arrosoir, percé, coulait, et les pieds de Patissot recevaient plus d'eau que les fleurs ; le bas de son pantalon, trempé, s'imprégnait de boue. Et vingt fois de suite, il recommença, retrempa ses pieds, ressua en faisant geindre le volant de la pompe ; et quand, exténué, il voulait s'arrêter, le père Boivin, suppliant, le tirait par le bras.

« Encore un arrosoir, un seul, et c'est fini. »

Pour le remercier, il lui fit don d'une rose ; mais d'une rose tellement épanouie qu'au contact de la redingote de Patissot elle s'effeuilla complètement, laissant à sa boutonnière une sorte de poire verdâtre qui l'étonna beaucoup. Il n'osa rien dire, par discrétion. Boivin fit semblant de ne pas voir.

Mais la voix éloignée de Mme Boivin se fit entendre :

« Viendrez-vous à la fin ? Quand on vous dit que c'est prêt ! »

Ils se dirigèrent vers la chaufferette, aussi tremblants que deux coupables.

Si le jardin se trouvait à l'ombre, la maison, par contre, était en plein soleil, et aucune chaleur d'étuve n'égalait celle de ses appartements.

Trois assiettes, flanquées de couverts en étain mal lavés, se collaient sur la graisse ancienne d'une table de sapin, au milieu de laquelle un vase en terre contenait des filaments de vieux bouilli réchauffés dans un liquide quelconque, où nageaient des pommes de terre tachetées. On s'assit. On mangea.

Une grande carafe pleine d'eau légèrement teintée de rouge tirait l'œil de Patissot. Boivin, un peu confus, dit à sa femme :

« Dis donc, ma chérie, pour l'occasion, ne vas-tu pas nous donner un peu de vin pur ? »

Elle le dévisagea furieusement :

« Pour que vous vous grisiez tous les deux, n'est-ce pas, et que vous restiez à crier chez moi toute la journée ? Merci de l'occasion ! »

Il se tut. Après le ragoût, elle apporta un autre plat de pommes de terre accommodées avec un peu de lard tout à fait rance ; quand ce nouveau mets fut achevé, toujours en silence, elle déclara :

« C'est tout. Filez maintenant. »

Boivin la contemplait, stupéfait.

« Mais le pigeon ? le pigeon que tu plumais ce matin ? »

Elle mit ses mains sur ses hanches.

« Vous n'en avez pas assez peut-être ? Parce que tu amènes des gens, ce n'est pas une raison pour dévorer tout ce qu'il y a dans la maison. Qu'est-ce que je mangerai, moi, ce soir, monsieur ? »

Les deux hommes se levèrent, sortirent devant la porte, et le petit père Boivin, dit Boileau, coula dans l'oreille de Patissot :

« Attendez-moi une minute et nous filons ! »

Puis il passa dans la pièce à côté pour compléter sa toilette ; alors Patissot entendit ce dialogue :

« Donne-moi vingt sous, ma chérie ?

– Qu'est-ce que tu veux faire avec vingt sous ?

– Mais on ne sait pas ce qui peut arriver ; il est toujours bon d'avoir de l'argent. »

Elle hurla, pour être entendue du dehors :

« Non, monsieur, je ne te les donnerai pas ; puisque cet homme a déjeuné chez toi, c'est bien le moins qu'il paye tes dépenses de la journée. »

Le père Boivin revint prendre Patissot ; mais celui-ci, voulant être poli, s'inclina devant la maîtresse du logis, et balbutia :

« Madame… remerciements… gracieux accueil… »

Elle répondit :

« C'est bon, mais n'allez pas me le ramener soûl, parce que vous auriez affaire à moi – vous savez ! »

Et ils partirent.

On gagne le bord de la Seine, en face d'une île plantée de peupliers. Boivin, regardant la rivière avec tendresse, serra le bras de son voisin :

« Hein ! dans huit jours, on y sera, monsieur Patissot.

– Où sera-t-on, monsieur Boivin ?

– Mais… à la pêche : elle ouvre le quinze. »

Patissot eut un petit frémissement, comme lorsqu'on rencontre pour la première fois la femme qui ravagera votre âme. Il répondit :

« Ah !... vous êtes pêcheur, monsieur Boivin ?
– Si je suis pêcheur, monsieur ! Mais c'est ma passion, la pêche ! »

Alors Patissot l'interrogea avec un profond intérêt. Boivin lui nomma tous les poissons qui folâtraient sous cette eau noire... Et Patissot croyait les voir. Boivin énuméra les hameçons, les appâts, les lieux, les temps convenables pour chaque espèce... Et Patissot se sentait devenir plus pêcheur que Boivin lui-même. Ils convinrent que, le dimanche suivant, ils feraient l'ouverture ensemble, pour l'instruction de Patissot, qui se félicitait d'avoir découvert un initiateur aussi expérimenté.

On s'arrêta pour dîner devant une sorte de bouge obscur que fréquentaient les mariniers et toute la crapule des environs. Devant la porte, le père Boivin eut soin de dire :

« Ça n'a pas d'apparence, mais on y est fort bien. »

Ils se mirent à table. Dès le second verre d'argenteuil, Patissot comprit pourquoi Mme Boivin ne servait que de l'abondance[1] à son mari : le petit bonhomme perdait la tête ; il pérorait, se leva, voulut faire des tours de force, se mêla, en pacificateur, à la querelle de deux ivrognes qui se battaient ; et il aurait été assommé avec Patissot sans l'intervention du patron. Au café, il était ivre à ne pouvoir marcher, malgré les efforts de son ami pour l'empêcher de

---
1. Eau teintée de vin.

boire ; et, quand ils partirent, Patissot le soutenait par les bras.

Ils s'enfoncèrent dans la nuit à travers la plaine, perdirent le sentier, errèrent longtemps ; puis, tout à coup, se trouvèrent au milieu d'une forêt de pieux qui leur arrivaient à la hauteur du nez. C'était une vigne avec ses échalas. Ils circulèrent longtemps au travers, vacillants, affolés, revenant sur leurs pas sans parvenir à trouver le bout. À la fin, le petit père Boivin, dit Boileau, s'abattit sur un bâton qui lui déchira la figure et, sans s'émouvoir autrement, il demeura assis par terre, poussant de tout son gosier, avec une obstination d'ivrogne, des « la-i-tou » prolongés et retentissants, pendant que Patissot, éperdu, criait aux quatre points cardinaux :

« Holà, quelqu'un ! Holà, quelqu'un ! »

Un paysan attardé les secourut et les remit dans leur chemin.

Mais l'approche de la maison Boivin épouvantait Patissot. Enfin, on parvint à la porte, qui s'ouvrit brusquement devant eux, et, pareille aux antiques furies, Mme Boivin parut, une chandelle à la main. Dès qu'elle aperçut son mari, elle s'élança vers Patissot en vociférant :

« Ah ! canaille ! je savais bien que vous alliez le soûler. »

Le pauvre bonhomme eut une peur folle, lâcha son ami qui s'écroula dans la boue huileuse de la ruelle, et s'enfuit à toutes jambes jusqu'à la gare.

IV
Pêche à la ligne

La veille du jour où il devait, pour la première fois de sa vie, lancer un hameçon dans une rivière, M. Patissot se procura, contre la somme de 80 centimes, *Le Parfait pêcheur à la ligne*[1]. Il apprit, dans cet ouvrage, mille choses utiles, mais il fut particulièrement frappé par le style, et il retint le passage suivant :

« En un mot, voulez-vous, sans soins, sans documents, sans préceptes, voulez-vous réussir et pêcher avec succès à droite, à gauche ou devant vous, en descendant ou en remontant, avec cette allure de conquête qui n'admet pas de difficulté ? Eh bien ! pêchez avant, pendant et après l'orage, quand le ciel s'entrouvre et se zèbre de lignes de feu, quand la terre s'émeut par les roulements prolongés du tonnerre : alors, soit avidité, soit terreur, tous les poissons agités, turbulents, confondent leurs habitudes dans une sorte de galop universel.

« Dans cette confusion, suivez ou négligez tous les diagnostics des chances favorables, allez à la pêche, vous marchez à la victoire ! »

Puis, afin de pouvoir captiver en même temps des poissons de toutes grosseurs, il acheta trois instru-

---
1. Manuel de pêche dont la première parution remonte à 1865.

ments perfectionnés, cannes pour la ville, lignes sur le fleuve, se déployant démesurément au moyen d'une simple secousse. Pour le goujon, il eut des hameçons n° 15, du n° 12 pour la brème et il comptait bien, avec le n° 7, emplir son panier de carpes et de barbillons. Il n'acheta pas de vers de vase qu'il était sûr de trouver partout, mais il s'approvisionna d'asticots. Il en avait un grand pot tout plein ; et le soir, il les contempla. Les hideuses bêtes, répandant une puanteur immonde, grouillaient dans leur bain de son, comme elles font dans les viandes pourries ; et Patissot voulut s'exercer d'avance à les accrocher aux hameçons. Il en prit une avec répugnance ; mais, à peine l'eût-il posée sur la pointe aiguë de l'acier courbé qu'elle creva et se vida complètement. Il recommença vingt fois de suite sans plus de succès, et il aurait peut-être continué toute la nuit s'il n'eût craint d'épuiser toute sa provision de vermine.

Il partit par le premier train. La gare était pleine de gens armés de cannes à pêche. Les unes, comme celles de Patissot, semblaient de simples bambous ; mais les autres, d'un seul morceau, montaient dans l'air en s'amincissant. C'était comme une forêt de fines baguettes qui se heurtaient à tout moment, se mêlaient, semblaient se battre comme des épées, ou se balancer comme des mâts au-dessus d'un océan de chapeaux de paille à larges bords.

Quand la locomotive se mit en marche, on en voyait sortir de toutes les portières, et les impériales, d'un bout à l'autre du convoi, en étant hérissées, le train avait l'air d'une longue chenille qui se déroulait par la plaine.

On descendit à Courbevoie, et la diligence de Bezons fut emportée d'assaut. Un amoncellement de pêcheurs se tassa sur le toit, et comme ils tenaient leurs lignes à la main, la guimbarde prit tout à coup l'aspect d'un gros porc-épic.

Tout le long de la route on voyait des hommes se diriger dans le même sens, comme pour un immense pèlerinage vers une Jérusalem inconnue. Ils portaient leurs longs bâtons effilés, rappelant ceux des anciens fidèles revenus de Palestine, et une boîte en fer-blanc leur battait le dos. Ils se hâtaient.

À Bezons, le fleuve apparut. Sur ses deux bords, une file de personnes, des hommes en redingote, d'autres en coutil, d'autres en blouse, des femmes, des enfants, même des jeunes filles prêtes à marier, pêchaient.

Patissot se rendit au barrage, où son ami Boivin l'attendait. L'accueil de ce dernier fut froid. Il venait de faire connaissance avec un gros monsieur de cinquante ans environ, qui paraissait très fort, et dont la figure était brûlée du soleil. Tous les trois ayant loué un grand bateau, allèrent s'accrocher presque sous la chute du barrage, dans les remous où l'on prend le plus de poisson.

Boivin fut tout de suite prêt, et ayant amorcé sa ligne il la lança, puis il demeura immobile, fixant le petit flotteur avec une attention extraordinaire. Mais de temps en temps il retirait son fil de l'eau pour le jeter un peu plus loin. Le gros monsieur, quand il eut envoyé dans la rivière ses hameçons bien appâtés, posa la ligne à son côté, bourra sa pipe, l'alluma, se croisa les bras, et, sans un coup d'œil au bouchon, il regarda l'eau couler. Patissot recommença à crever des asticots. Au bout de cinq minutes, il interpella Boivin : « Monsieur Boivin, vous seriez bien aimable de mettre ces bêtes à mon hameçon. J'ai beau essayer, je n'arrive pas. » Boivin releva la tête : « Je vous prierai de ne pas me déranger, monsieur Patissot ; nous ne sommes pas ici pour nous amuser. » Cependant il amorça la ligne, que Patissot lança, imitant avec soin tous les mouvements de son ami.

La barque contre la chute d'eau dansait follement ; des vagues la secouaient, de brusques retours de courant la faisaient virer comme une toupie, quoiqu'elle fût amarrée par les deux bouts ; et Patissot, tout absorbé par la pêche, éprouvait un malaise vague, une lourdeur de tête, un étourdissement étrange.

On ne prenait rien cependant : le petit père Boivin, très nerveux, avait des gestes secs, des hochements de front désespérés ; Patissot en souffrait comme d'un désastre ; seul le gros monsieur, toujours immobile, fumait tranquillement, sans s'occuper de sa ligne. À la fin, Patissot, navré, se tourna vers lui, et, d'une voix triste :

« Ça ne mord pas ? »
L'autre répondit simplement :
« Parbleu ! »
Patissot, étonné, le considéra.
« En prenez-vous quelquefois beaucoup ?
– Jamais !
– Comment, jamais ? »
Le gros homme, tout en fumant comme une cheminée de fabrique, lâcha ces mots, qui révolutionnèrent son voisin :
« Ça me gênerait rudement si ça mordait. Je ne viens pas pour pêcher, moi, je viens parce qu'on est très bien ici : on est secoué comme en mer ; si je prends une ligne, c'est pour faire comme les autres. »
M. Patissot, au contraire, ne se trouvait plus bien du tout. Son malaise, vague d'abord, augmentant toujours, prit une forme enfin. On était, en effet, secoué comme en mer, et il souffrait du mal des paquebots.

Après la première atteinte un peu calmée, il proposa de s'en aller ; mais Boivin, furieux, faillit lui sauter à la face. Cependant, le gros homme, pris de pitié, ramena la barque d'autorité, et, lorsque les étourdissements de Patissot furent dissipés, on s'occupa de déjeuner.

Deux restaurants se présentaient.

L'un tout petit, avec un aspect de guinguette, était fréquenté par le fretin des pêcheurs. L'autre, qui portait le nom de « Chalet des Tilleuls », ressemblait à une villa bourgeoise et avait pour clientèle l'aristocratie de la ligne. Les deux patrons, ennemis de naissance, se regardaient haineusement par-dessus un grand terrain qui les séparait, et où s'élevait la maison blanche du garde-pêche et du barragiste. Ces autorités, d'ailleurs, tenaient l'une pour la guinguette, l'autre pour les Tilleuls, et les dissentiments intérieurs de ces trois maisons isolées reproduisaient l'histoire de toute l'humanité.

Boivin, qui connaissait la guinguette, y voulait aller : « On y est très bien servi, et ça n'est pas cher ; vous verrez. Du reste, monsieur Patissot, ne vous attendez pas à me griser comme vous avez fait dimanche dernier ; ma femme était furieuse, savez-vous, et elle a juré qu'elle ne vous pardonnerait jamais ! »

Le gros monsieur déclara qu'il ne mangerait qu'aux Tilleuls, parce que c'était, affirmait-il, une maison excellente, où l'on faisait la cuisine comme dans les meilleurs restaurants de Paris. « Faites comme vous voudrez, déclara Boivin ; moi, je vais où j'ai mes habitudes. » Et il partit. Patissot, mécontent de son ami, suivit le gros monsieur.

Ils déjeunèrent en tête à tête, échangèrent leurs manières de voir, se communiquèrent leurs impressions et reconnurent qu'ils étaient faits pour s'entendre.

***

Après le repas, on se remit à pêcher, mais les deux nouveaux amis partirent ensemble le long de la berge, s'arrêtèrent contre le pont du chemin de fer et jetèrent leurs lignes à l'eau, tout en causant. Ça continuait à ne pas mordre ; Patissot maintenant en prenait son parti.

Une famille s'approcha. Le père, avec des favoris de magistrat, tenait une ligne démesurée ; trois enfants du sexe mâle, de tailles différentes, portaient des bambous de longueurs diverses, selon leur âge, et la mère, très forte, manœuvrait avec grâce une charmante canne à pêche, ornée d'une faveur à la poignée. Le père salua : « L'endroit est-il bon, messieurs ? » Patissot allait parler, quand son voisin répondit : « Excellent ! » Toute la famille sourit et s'installa autour des deux pêcheurs. Alors Patissot fut saisi d'une envie folle de prendre un poisson, un seul, n'importe lequel, gros comme une mouche, pour inspirer de la considération à tout ce monde ; et il se mit à manœuvrer sa ligne comme il avait vu Boivin le faire dans la matinée. Il laissait le flotteur suivre le courant jusqu'au bout du fil, donnait une secousse, tirait les hameçons de la rivière ; puis, leur faisant décrire en l'air un large cercle, il les rejetait à l'eau quelques mètres plus haut. Il avait même, pensait-il, attrapé le chic pour faire ce mouvement avec élégance, quand sa ligne, qu'il venait d'enlever d'un coup de poignet rapide, se trouva arrêtée quelque part derrière lui. Il fit un effort ; un grand cri éclata dans son dos, et il aperçut, décrivant dans le ciel une courbe de météore, et accroché à l'un de ses hameçons, un magnifique chapeau de femme, chargé de fleurs, qu'il déposa, toujours au bout de sa ficelle, juste au beau milieu du fleuve.

Il se retourna effaré, lâchant sa ligne, qui suivit le chapeau, filant avec le courant, pendant que le gros monsieur, son nouvel ami, renversé sur le dos, riait à pleine gorge. La dame, décoiffée et stupéfaite, suffoquait de colère ; le mari se fâcha tout à fait, et il réclama le prix du chapeau, que Patissot paya bien le triple de sa valeur.

Puis la famille partit avec dignité.

Patissot prit une autre canne, et jusqu'au soir, il baigna des asticots. Son voisin dormait tranquillement sur l'herbe. Il se réveilla vers sept heures.

« Allons-nous-en ! » dit-il.

Alors Patissot retira sa ligne, poussa un cri, tomba d'étonnement sur le derrière. Au bout du fil, un tout petit poisson se balançait. Quand on le considéra de plus près, on vit qu'il était accroché par le milieu du ventre ; un hameçon l'avait happé au passage en sortant de l'eau.

Ce fut un triomphe, une joie démesurée. Patissot voulut qu'on le fît frire pour lui tout seul.

Pendant le dîner, l'intimité s'accrut avec sa nouvelle connaissance. Il apprit que ce particulier habitait Argenteuil, canotait à la voile depuis trente ans sans découragement, et il accepta à déjeuner chez lui pour le dimanche suivant, avec la promesse d'une bonne partie de canot dans le *Plongeon*, clipper[1] de son ami.

La conversation l'intéressa si fort qu'il en oublia sa pêche.

La pensée lui en vint seulement après le café, et il exigea qu'on la lui apportât. C'était, au milieu de l'assiette, une sorte d'allumette jaunâtre et tordue. Il la mangea cependant avec orgueil, et, le soir, sur l'omnibus, il racontait à ses voisins qu'il avait pris dans la journée quatorze livres de friture.

V
Deux hommes célèbres

M. Patissot avait promis à son ami le canotier qu'il passerait avec lui la journée du dimanche suivant. Une circonstance imprévue dérangea ses projets. Il rencontra un soir, sur le boulevard, un de ses cousins qu'il voyait fort rarement. C'était un journaliste aimable, très lancé dans tous les mondes, et qui proposa son concours à Patissot pour lui montrer bien des choses intéressantes.

« Que faites-vous dimanche, par exemple ?
– Je vais à Argenteuil, canoter.

---
1. Voilier fin et rapide.

– Allons donc, c'est assommant, votre canotage ; c'est ça qui ne change jamais. Tenez, je vous emmène avec moi. Je vous ferai connaître deux hommes illustres et visiter deux maisons d'artistes.

– Mais on m'a ordonné d'aller à la campagne !

– C'est à la campagne que nous irons. Je ferai, en passant, une visite à Meissonier[1], dans sa propriété de Poissy ; puis nous gagnerons à pied Médan, où habite Zola[2], à qui j'ai mission de demander son prochain roman pour notre journal. »

Patissot, délirant de joie, accepta.

Il acheta même une redingote neuve, la sienne étant un peu usée, afin de se présenter convenablement, et il avait une peur horrible de dire des bêtises, soit au peintre, soit à l'homme de lettres, comme tous les gens qui parlent des arts qu'ils n'ont jamais pratiqués.

Il communiqua ses craintes à son cousin, qui se mit à rire, en lui répondant : « Bah ! faites seulement des compliments, rien que des compliments, toujours des compliments ; ça fait passer les bêtises quand on en dit. Vous connaissez les tableaux de Meissonier ?

– Je crois bien.

– Vous avez lu *Les Rougon-Macquart*[3] ?

---

1. Ernest Meissonier (1815-1891), peintre de genre qui connaît un très grand succès sous le Second Empire.
2. En mai 1878, Émile Zola achète une maison à Médan, dans les Yvelines.
3. En 1880, le cycle romanesque des *Rougon-Macquart*, dont la parution s'étale de 1871 à 1893, en est à son neuvième volume, *Nana*.

– D'un bout à l'autre.

– Ça suffit. Nommez un tableau de temps en temps, citez un roman par-ci, par-là, et ajoutez : Superbe !!! Extraordinaire !!! Délicieux d'exécution !!! étrangement puissant, etc. De cette façon on s'en tire toujours. Je sais bien que ces deux hommes-là sont rudement blasés sur tout ; mais, voyez-vous, les louanges, ça fait toujours plaisir à un artiste. »

Le dimanche matin, ils partirent pour Poissy.

À quelques pas de la gare, au bout de la place de l'église, ils trouvèrent la propriété de Meissonier. Après avoir passé sous une porte basse peinte en rouge et que continue un magnifique berceau de vignes, le journaliste s'arrêta et, se tournant vers son compagnon :

« Comment vous figurez-vous Meissonier ? »

Patissot hésitait. Enfin il se décida : « Un petit homme, très soigné, rasé, d'allure militaire. » L'autre sourit : « C'est bien. Venez. » Un bâtiment en forme de chalet, fort bizarre, apparaissait à gauche ; et, à droite, presque en face, un peu en contrebas, la maison principale. C'était une construction singulière où il y avait de tout, de la forteresse gothique, du manoir, de la villa, de la chaumière, de l'hôtel, de la cathédrale, de la mosquée, de la pyramide, du gâteau de Savoie, de l'oriental et de l'occidental. Un style supérieurement compliqué, à rendre fou un architecte classique, quelque chose de fantastique et de joli cependant, inventé par le peintre et exécuté sous ses ordres.

Ils entrèrent ; des malles encombraient un petit salon. Un homme parut, vêtu d'une vareuse et petit. Mais ce qui frappait en lui, c'était sa barbe, une barbe de prophète, invraisemblable, un fleuve, un ruissellement, un Niagara de barbe. Il salua le journaliste : « Je vous demande pardon, cher monsieur ; je suis arrivé hier seulement, et tout est encore bouleversé chez moi. Asseyez-vous. » L'autre refusa, s'excusant : « Mon cher maître, je n'étais venu qu'en passant, vous présenter mes hommages. » Patissot, très troublé, s'inclinait à chaque parole de son ami, comme par un mouvement automatique, et il murmura, en bégayant un peu : « Quelle su-su-perbe propriété ! » Le peintre, flatté, sourit et proposa de la visiter.

Il les mena d'abord dans un petit pavillon d'aspect féodal, où se trouvait son ancien atelier, donnant sur une terrasse. Puis ils traversèrent un salon, une salle à manger, un vestibule pleins d'œuvres d'art merveilleuses, de tapisseries adorables de Beauvais, des Gobelins et des Flandres. Mais le luxe bizarre d'ornementation du dehors devenait, au-dedans, un luxe d'escaliers prodigieux. Escalier d'honneur magnifique, escalier dérobé dans une tour, escalier de service dans une autre, escalier partout ! Patissot, par hasard, ouvre une porte et recule stupéfait. C'était un temple, cet endroit dont les gens respectables ne prononcent le nom qu'en anglais, un sanctuaire original et charmant, d'un goût exquis, orné comme une pagode, et dont la décoration avait assurément coûté de grands efforts de pensée.

Ils visitèrent ensuite le parc, compliqué, mouvementé, torturé, plein de vieux arbres. Mais le journaliste voulut absolument prendre congé, et, remerciant beaucoup, quitta le maître. Ils rencontrèrent en sortant, un jardinier ; Patissot lui demanda : « Y a-t-il longtemps que M. Meissonier possède cela ? » Le bonhomme répondit : « Oh, monsieur, faudrait s'expliquer. Il a bien acheté la terre en 1846, mais la maison !!! il l'a démolie et reconstruite déjà cinq ou six fois depuis... Je suis sûr qu'il y a deux millions là-dedans, monsieur ! »

Et Patissot, en s'en allant, fut pris d'une immense considération pour cet homme, non pas tant à cause de ses grands succès, de sa gloire et de son talent, mais parce qu'il mettait tant d'argent pour une fantaisie, tandis que les bourgeois ordinaires se privent de toute fantaisie pour amasser de l'argent !

***

Après avoir traversé Poissy, ils prirent, à pied, la route de Médan. Le chemin suit d'abord la Seine, peuplée d'îles charmantes en cet endroit, puis remonte pour traverser le joli village de Villennes, redescend un peu et pénètre enfin au pays habité par l'auteur des *Rougon-Macquart*.

Une église ancienne et coquette, flanquée de deux tourelles, se présenta d'abord sur la gauche. Ils firent encore quelques pas, et un paysan qui passait leur indiqua la porte du romancier.

Avant d'entrer, ils examinèrent l'habitation. Une grande construction carrée et neuve, très haute, semblait avoir accouché, comme la montagne de la fable, d'une toute petite maison blanche blottie à son pied. Cette dernière maison, la demeure primitive, a été bâtie par l'ancien propriétaire. La tour fut édifiée par Zola.

Ils sonnèrent. Un chien énorme, croisement de montagnard et de terre-neuve, se mit à hurler si terriblement que Patissot éprouvait un vague désir de retourner sur ses pas. Mais un domestique, accourant, calma *Bertrand*[1], ouvrit la porte et reçut la carte du journaliste pour la porter à son maître.

« Pourvu qu'il nous reçoive ! murmurait Patissot ; ça m'ennuierait rudement d'être venu jusqu'ici sans le voir. »

Son compagnon souriait :

« Ne craignez rien ; j'ai mon idée pour entrer. »

Mais le domestique, qui revenait, les pria simplement de le suivre.

Ils pénétrèrent dans la construction neuve, et Patissot, fort ému, soufflait en gravissant un escalier de forme ancienne, qui les conduisit au second étage.

---
1. Zola possède ce terre-neuve depuis 1870.

Il cherchait en même temps à se figurer cet homme dont le nom sonore et glorieux résonne en ce moment à tous les coins du monde, au milieu de la haine exaspérée des uns, de l'indignation vraie ou feinte des gens du monde, du mépris envieux de quelques confrères, du respect de toute une foule de lecteurs, et de l'admiration frénétique d'un grand nombre ; et il s'attendait à voir apparaître une sorte de géant barbu, d'aspect terrible, avec une voix retentissante, et d'abord peu engageant.

La porte s'ouvrit sur une pièce démesurément grande et haute qu'un vitrage, donnant sur la plaine, éclairait dans toute sa largeur. Des tapisseries anciennes couvraient les murs ; à gauche, une cheminée monumentale, flanquée de deux bonshommes de pierre, aurait pu brûler un chêne centenaire en un jour ; et une table immense, chargée de livres, de papiers et de journaux, occupait le milieu de cet appartement tellement vaste et grandiose qu'il accaparait l'œil tout d'abord, et que l'attention ne se portait qu'ensuite vers l'homme, étendu, quand ils entrèrent, sur un divan oriental où vingt personnes auraient dormi.

Il fit quelques pas vers eux, salua, désigna de la main deux sièges et se remit sur son divan, une jambe repliée sous lui. Un livre à son côté gisait, et il maniait de la main droite un couteau à papier en ivoire dont il contemplait le bout de temps en temps, d'un seul œil, en fermant l'autre avec une obstination de myope.

Pendant que le journaliste expliquait l'intention de sa visite, et que l'écrivain l'écoutait sans répondre encore, en le regardant fixement par moments, Patissot, de plus en plus gêné, considérait cette célébrité.

Âgé de quarante ans à peine, il était de taille moyenne, assez gros et d'aspect bonhomme. Sa tête (très semblable à celles qu'on retrouve dans beaucoup de tableaux italiens du XVIe siècle), sans être belle au sens plastique du mot, présentait un grand caractère de puissance et d'intelligence. Les cheveux courts se redressaient sur le front très développé. Un nez droit s'arrêtait, coupé net, comme par un coup de ciseau trop brusque, au-dessus de la lèvre supérieure, qu'ombrageait une moustache assez épaisse ; et le menton entier était couvert de barbe taillée près de la peau. Le regard noir, souvent ironique, pénétrait ; et l'on sentait que là derrière une pensée toujours active travaillait, perçant les gens, interprétant les paroles, analysant les gestes, dénudant le cœur. Cette tête ronde et forte était bien celle de son nom, rapide et court, aux deux syllabes bondissantes dans le retentissement des deux voyelles.

Quand le journaliste eut terminé son boniment, l'écrivain lui répondit qu'il ne voulait point s'engager ; qu'il verrait cependant plus tard ; que son plan même n'était point encore suffisamment arrêté. Puis il se tut. C'était un congé, et les deux hommes, un peu confus, se levèrent. Mais un désir envahit Patissot : il voulait que ce personnage si connu lui dît un mot, un mot quelconque, qu'il pourrait répéter à ses collègues ; et, s'enhardissant, il balbutia : « Oh ! monsieur, si vous saviez combien j'apprécie vos ouvrages ! » L'autre s'inclina, mais ne répondit rien. Patissot devenait téméraire, il reprit : « C'est un bien grand honneur pour moi de vous parler aujourd'hui. » L'écrivain salua encore, mais d'un air roide et impatienté. Patissot s'en aperçut, et, perdant la tête, il ajouta en se retirant : « Quelle su-su-perbe propriété ! »

Alors le propriétaire s'éveilla dans le cœur indifférent de l'homme de lettres qui, souriant, ouvrit le vitrage pour montrer l'étendue de la perspective. Un horizon démesuré s'élargissait de tous les côtés, c'était Triel, Pisse-Fontaine, Chanteloup, toutes les hauteurs de l'Hautie, et la Seine, à perte de vue. Les deux visiteurs en extase félicitaient ; et la maison leur fut ouverte. Ils virent tout, jusqu'à la cuisine élégante dont les murs et le plafond même, recouverts en faïence à dessins bleus, excitent l'étonnement des paysans.

« Comment avez-vous acheté cette demeure ? » demanda le journaliste. Et le romancier raconta que, cherchant une bicoque à louer pour un été, il avait trouvé la petite maison, adossée à la nouvelle, qu'on voulait vendre quelques milliers de francs, une bagatelle, presque rien. Il acheta séance tenante.

« Mais tout ce que vous avez ajouté a dû vous coûter cher ensuite ? »

L'écrivain sourit : « Oui, pas mal ! »

Et les deux hommes s'en allèrent.

Le journaliste, tenant le bras de Patissot, philosophait, d'une voix lente : « Tout général a son Waterloo, disait-il ; tout Balzac a ses Jardies[1] et tout artiste habitant la campagne a son cœur de propriétaire. »

Ils prirent le train à la station de Villennes, et, dans le wagon, Patissot jetait tout haut les noms de l'illustre peintre et du grand romancier, comme s'ils eussent été ses amis. Il s'efforçait même de laisser croire qu'il avait déjeuné chez l'un et dîné chez l'autre.

VI
Avant la fête[2]

La fête approche et des frémissements courent déjà par les rues, ainsi qu'il en passe à la surface des flots lorsque se prépare une tempête. Les boutiques, pavoisées de drapeaux, mettent sur leurs portes une gaieté de teinturerie, et les merciers trompent sur les trois couleurs comme les épiciers sur la chandelle. Les

---
1. En 1837, Balzac achète cette propriété située à Sèvres-Ville-d'Avray, puis l'habite, mais doit la revendre en 1840, Gambetta en fait l'acquisition en 1878
2. En 1880, le 14 juillet est célébré en tant que fête nationale pour la première fois.

cœurs peu à peu s'exaltent ; on en parle après dîner sur le trottoir ; on a des idées qu'on échange :

« Quelle fête ce sera, mes amis, quelle fête !

– Vous ne savez pas ? tous les souverains viendront incognito, en bourgeois, pour voir ça.

– Il paraît que l'empereur de Russie est arrivé ; il compte se promener partout avec le prince de Galles.

– Oh ! pour une fête, ce sera une fête ! »

Ce sera une fête ; ce que M. Patissot, bourgeois de Paris, appelle une fête : une de ces innommables cohues qui, pendant quinze heures, roulent d'un bout à l'autre de la cité toutes les laideurs physiques chamarrées d'oripeaux, une houle de corps en transpiration où ballotteront, à côté de la lourde commère à rubans tricolores, engraissée derrière son comptoir et geignant d'essoufflement, l'employé rachitique remorquant sa femme et son mioche, l'ouvrier portant le sien à califourchon sur la tête, le provincial ahuri, à la physionomie de crétin stupéfait, le palefrenier rasé légèrement, encore parfumé d'écurie. Et les étrangers costumés en singes, des Anglaises pareilles à des girafes, et le porteur d'eau débarbouillé, et la phalange innombrable des petits bourgeois, rentiers inoffensifs que tout amuse. Ô bousculade, éreintement, sueurs et poussière, vociférations, remous de chair humaine, extermination des cors aux pieds, ahurissement de toute pensée, senteurs affreuses, remuements inutiles, haleines de multitudes, brises à l'ail, donnez à M. Patissot toute la joie que peut contenir son cœur !

Il a fait ses préparatifs après avoir lu sur les murs de son arrondissement la proclamation du maire.

Elle disait, cette prose : « C'est principalement sur la fête particulière que j'appelle votre attention. Pavoisez vos demeures, illuminez vos fenêtres. Réunissez-vous, cotisez-vous, pour donner à vos maisons, à votre rue, une physionomie plus brillante, plus artistique que celle des maisons et des rues voisines. »

Alors M. Patissot chercha laborieusement quelle physionomie artistique il pourrait donner à son logis.

Un grave obstacle se présentait. Son unique fenêtre donnait sur une cour, une cour obscure, étroite, profonde, où les rats seuls eussent pu voir ses trois lanternes vénitiennes.

Il lui fallait une ouverture publique. Il la trouva. Au premier étage de sa maison habitait un riche particulier, noble et royaliste, dont le cocher, réactionnaire aussi, occupait, au sixième, une mansarde sur la rue. M. Patissot supposa que, en y mettant le prix, toute conscience peut être achetée, et il proposa cent sous à ce citoyen du fouet, pour lui céder son logis de midi jusqu'à minuit. L'offre aussitôt fut acceptée.

Alors il s'inquiéta de la décoration.

Trois drapeaux, quatre lanternes, était-ce assez pour donner à cette tabatière une physionomie artistique ?... pour exprimer toute l'exaltation de son âme ?... Non assurément ! Mais, malgré de longues recherches et des méditations nocturnes, M. Patissot n'imagina rien autre chose. Il consulta ses voisins, qui s'étonnèrent de sa question ; il interrogea ses collègues... Tout le monde avait acheté des lanternes et des drapeaux, en y joignant, pour le jour, des décorations tricolores.

Alors il se mit à la recherche d'une idée originale. Il fréquenta les cafés, abordant les consommateurs ; ils manquaient d'imagination. Puis, un matin, il monta sur l'impériale d'un omnibus. Un monsieur d'aspect vénérable fumait un cigare à son côté ; un ouvrier, plus loin, grillait sa pipe renversée ; deux voyous blaguaient près du cocher ; et des employés de tout ordre allaient à leurs affaires moyennant trois sous.

Devant les boutiques, des gerbes de drapeaux resplendissaient sous le soleil levant. Patissot se tourna vers son voisin.

« Ce sera une belle fête », dit-il.

Le monsieur lui jeta un regard de travers, et, d'un air rogue :

« C'est ça qui m'est égal !

– Vous n'y prendrez pas part ? » demanda l'employé stupéfait.

L'autre remua dédaigneusement la tête et déclara :

« Ils me font pitié avec leur fête ! De quoi la fête ?... Est-ce du gouvernement ?... Je ne le connais pas, le gouvernement, moi, monsieur ! »

Mais Patissot, employé du gouvernement lui-même, le prit de haut, et, d'une voix ferme :

« Le gouvernement, monsieur, c'est la République. »

Son voisin ne fut pas démonté, et, mettant tranquillement ses mains dans ses poches :

« Eh bien, après ?... Je ne m'y oppose pas. La République ou autre chose, je m'en fiche. Ce que je veux, moi, monsieur, je veux connaître mon gouvernement. J'ai vu Charles X et je m'y suis rallié, monsieur ; j'ai vu Louis-Philippe, et je m'y suis rallié, monsieur ; j'ai vu Napoléon, et je m'y suis rallié ; mais je n'ai jamais vu la République. »

Patissot, toujours grave, répliqua :

« Elle est représentée par son président. »

L'autre grogna :

« Eh bien, qu'on me le montre. »

Patissot haussa les épaules.

« Tout le monde peut le voir ; il n'est pas dans une armoire. »

Mais tout à coup le gros monsieur s'emporta.

« Pardon, monsieur, on ne peut pas le voir. J'ai essayé plus de cent fois, moi, monsieur. Je me suis embusqué auprès de l'Élysée : il n'est pas sorti. Un passant m'a affirmé qu'il jouait au billard, au café en face ; j'ai été au café en face : il n'y était pas. On m'avait promis qu'il irait à Melun pour le concours : je me suis rendu à Melun, et je ne l'ai pas vu. Je suis fatigué, à la fin. Je n'ai pas vu non plus M. Gambetta[1], et je ne connais pas même un député. »

---

1. Le républicain Léon Gambetta (1838-1882) est président de la Chambre des députés de 1879 à 1881.

Il s'animait.

« Un gouvernement, monsieur, ça doit se montrer ; c'est fait pour ça, pas pour autre chose. Il faut qu'on sache : tel jour, à telle heure, le gouvernement passera par telle rue. De cette façon on y va et on est satisfait. »

Patissot, calmé, goûtait ces raisons.

« Il est vrai, dit-il, qu'on aimerait bien connaître ceux qui vous gouvernent. »

Le monsieur prit un ton plus doux :

« Savez-vous comment je la comprendrais, moi, la fête ?... Eh bien, monsieur, je ferais un cortège avec des chars dorés, comme les voitures du sacre des rois ; et je promènerais dedans les membres du gouvernement, depuis le président jusqu'aux députés, à travers Paris, toute la journée. Comme ça, au moins, chacun connaîtrait la personne de l'État. »

Mais un des voyous, près du cocher, se retourna :

« Et le bœuf gras, oùsqu'on le mettrait ? » dit-il.

Un rire courut sur les deux banquettes. Patissot comprit l'objection et murmura :

« Ça ne serait peut-être pas digne. »

Le monsieur, après avoir réfléchi, le reconnut.

« Alors, dit-il, je les mettrais en vue quelque part, afin qu'on puisse les regarder tous sans se déranger ; sur l'arc de triomphe de l'Étoile, par exemple, et je ferais défiler devant toute la population. Ça aurait un grand caractère. »

Mais le voyou, encore une fois, se retourna :

« Faudrait des télescopes pour voir leurs balles[1]. »

Le monsieur ne répondit pas ; il continua :

« C'est comme la distribution des drapeaux ! Il faudrait un prétexte, organiser quelque chose, une petite guerre ; et on remettrait ensuite les étendards aux troupes comme récompense. Moi, j'avais une idée, que j'ai écrite au ministre ; mais il n'a point daigné me répondre. Puisqu'on a choisi la date de la prise de la Bastille, il fallait organiser le simulacre de cet événement : on aurait fait une bastille en carton, brossée par un décorateur de théâtre, et cachant dans ses murailles toute la colonne de Juillet. Alors, monsieur, la troupe aurait donné l'assaut ; ça aurait été un beau spectacle et un enseignement en même temps de voir l'armée renverser elle-même les remparts de la tyrannie. Puis on l'aurait incendiée, cette Bastille ; et au milieu des flammes serait apparue la colonne avec le génie de la Liberté, symbole d'un ordre nouveau et de l'affranchissement des peuples. »

Tout le monde, cette fois, l'écoutait sur l'impériale, trouvant son idée excellente. Un vieillard affirma :

« C'est une grande pensée, monsieur, et qui vous fait honneur. Il est regrettable que le gouvernement ne l'ait pas adoptée. »

---

[1]. Têtes (argot).

Un jeune homme déclara qu'on devrait faire réciter, dans les rues, les *Iambes* de Barbier[1], par des acteurs, pour apprendre simultanément au peuple l'art et la liberté.

Ces propos excitaient l'enthousiasme. Chacun voulait parler ; les cervelles s'exaltaient. Un orgue de Barbarie, en passant, jeta une phrase de *La Marseillaise* ; l'ouvrier entonna les paroles, et tout le monde, en chœur, hurla le refrain. L'allure exaltée du chant et son rythme enragé allumèrent le cocher dont les chevaux fouaillés galopaient. M. Patissot braillait à pleine gorge en se tapant sur les cuisses, et les voyageurs du dedans, épouvantés, se demandaient quel ouragan avait éclaté sur leurs têtes.

On s'arrêta enfin, et M. Patissot, jugeant son voisin homme d'initiative, le consulta sur les préparatifs qu'il comptait faire :

« Des lampions et des drapeaux, c'est très bien, disait-il ; mais je voudrais quelque chose de mieux. »

L'autre réfléchit longtemps, mais ne trouva rien. Alors M. Patissot, en désespoir de cause, acheta trois drapeaux avec quatre lanternes.

---

1. En 1830, le pamphlet versifié des *Iambes* vaut la célébrité à son auteur, Auguste Barbier (1805-1882).

VII
Une triste histoire

Pour se reposer des fatigues de la fête, M. Patissot conçut le projet de passer tranquillement le dimanche suivant assis quelque part en face de la nature.

Voulant avoir un large horizon, il choisit la terrasse de Saint-Germain. Il se mit en route seulement après son déjeuner, et, lorsqu'il eut visité le musée préhistorique pour l'acquit de sa conscience, car il n'y comprit rien du tout, il resta frappé d'admiration devant cette promenade démesurée d'où l'on découvre au loin Paris, toute la région environnante, toutes les plaines, tous les villages, des bois, des étangs, des villes même, et ce grand serpent bleuâtre aux ondulations sans nombre, ce fleuve adorable et doux qui passe au cœur de la France : LA SEINE.

Dans des lointains que des vapeurs légères bleuissaient, à des distances incalculables, il distinguait de petits pays comme des taches blanches, au versant des coteaux verts. Et songeant que là-bas, sur ces points presque invisibles, des hommes comme lui vivaient, souffraient, travaillaient, il réfléchit pour la première fois à la petitesse du monde. Il se dit que, dans les espaces, d'autres points plus imperceptibles encore, des univers plus grands que le nôtre cependant, devaient porter des races peut-être plus parfaites ! Mais un vertige le prit devant l'étendue, et il cessa de penser à ces choses qui lui troublaient la tête. Alors il suivit la terrasse à petits pas, dans toute sa largeur, un peu alangui, comme courbaturé par des réflexions trop lourdes.

Alors qu'il fut au bout, il s'assit sur un banc. Un monsieur s'y trouvait déjà, les deux mains croisées sur sa canne et le menton sur ses mains, dans l'attitude d'une méditation profonde. Mais Patissot appartenait à la race de ceux qui ne peuvent passer trois secondes à côté de leur semblable sans lui adresser la parole. Il contempla d'abord son voisin, toussota, puis tout à coup :

« Pourriez-vous, monsieur, me dire le nom du village que j'aperçois là-bas ? »

Le monsieur releva la tête et, d'une voix triste :

« C'est Sartrouville. »

Puis il se tut. Alors Patissot, contemplant l'immense perspective de la terrasse ombragée d'arbres séculaires, sentant en ses poumons le grand souffle de la forêt qui bruissait derrière lui, rajeuni par les effluves printaniers des bois et des larges campagnes, eut un petit rire saccadé et, l'œil vif :

« Voici de beaux ombrages pour des amoureux. »

Son voisin se tourna vers lui avec un air désespéré :

« Si j'étais amoureux, monsieur, je me jetterais dans la rivière. »

Patissot, ne partageant point cet avis, protesta :

« Hé, hé ! vous en parlez à votre aise ; et pourquoi ça ?

— Parce que cela m'a déjà coûté trop cher pour recommencer. »

L'employé fit une grimace de joie en répondant :

« Tiens ! si vous avez fait des folies, ça coûte toujours cher. »

Mais l'autre soupira avec mélancolie.

« Non, monsieur, je n'en ai pas fait ; j'ai été desservi par les événements, voilà tout. »

Patissot, qui flairait une bonne histoire, continua :

« Nous ne pouvons pourtant pas vivre comme les curés ; ça n'est pas dans la nature. »

Alors le bonhomme leva les yeux au ciel lamentablement.

« C'est vrai, monsieur ; mais, si les prêtres étaient des hommes comme les autres, mes malheurs ne seraient pas arrivés. Je suis ennemi du célibat ecclésiastique, moi, monsieur, et j'ai mes raisons pour ça. »

Patissot, vivement intéressé, insista :

« Serait-il indiscret de vous demander ?...

— Mon Dieu ! non. Voici mon histoire : je suis normand, monsieur. Mon père était meunier à Darnétal, près de Rouen ; et, quand il est mort, nous sommes restés, tout enfants, mon frère et moi, à la charge de notre oncle, un bon gros curé cauchois. Il nous éleva, monsieur, fit notre éducation, puis nous envoya tous les deux à Paris chercher une situation convenable.

Mon frère avait vingt et un ans, et moi j'en prenais vingt-deux. Nous nous étions installés par économie dans le même logement, et nous y vivions tranquilles, lorsque advint l'aventure que je vais vous raconter.

Un soir, comme je rentrais chez moi, je fis la rencontre, sur le trottoir, d'une jeune dame qui me plut beaucoup. Elle répondait à mes goûts : un peu forte, monsieur, et l'air bon enfant. Je n'osai pas lui parler, bien entendu, mais je lui adressai un regard significatif. Le lendemain, je la retrouvai à la même place ; alors, comme j'étais timide, je fis un salut seulement ; elle y répondit par un petit sourire ; et, le jour d'après, je l'abordai.

Elle s'appelait Victorine, et elle travaillait à la couture dans un magasin de confection. Je sentis bien tout de suite que mon cœur était pris.

Je lui dis : "Mademoiselle, il me semble que je ne pourrai plus vivre loin de vous." Elle baissa les yeux sans répondre ; alors je lui saisis la main, et je sentis qu'elle serrait la mienne. J'étais pincé, monsieur ; mais je ne savais comment m'y prendre, à cause de mon frère. Ma foi, je me décidais à tout lui dire, quand il ouvrit la bouche le premier. Il était amoureux de son côté. Alors, il fut convenu qu'on prendrait un autre logement, mais qu'on ne soufflerait mot à notre oncle, qui adressait toujours ses lettres à mon domicile. Ainsi fut fait ; et, huit jours plus tard, Victorine pendait la crémaillère chez moi. On y fit un petit dîner où mon frère amena sa connaissance, et, le soir, quand mon amie eut tout rangé, nous prîmes définitivement possession de notre logis…

Nous dormions peut-être depuis une heure, quand un violent coup de sonnette m'éveilla. Je regarde la pendule : trois heures du matin. Je passe une culotte, je me précipite vers la porte, en me disant : "C'est un malheur, bien sûr…" C'était mon oncle, Monsieur… Il avait sa douillette de voyage, et sa valise à la main :

"Oui, c'est moi mon garçon ; je viens te surprendre, et passer quelques jours à Paris. Monseigneur m'a donné congé."

Il m'embrasse sur les deux joues, entre, ferme la porte. J'étais plus mort que vif, monsieur. Mais comme il allait pénétrer dans ma chambre, je lui sautai presque au collet :

"Non, pas par là, mon oncle ; par ici, par ici."

Et je le fis entrer dans la salle à manger. Voyez-vous ma situation ? que faire ?… Il me dit :

"Et ton frère ? il dort ? Va donc l'éveiller."

Je balbutiai :

"Non, mon oncle, il a été obligé de passer la nuit au magasin pour une commande urgente."

Mon oncle se frotta les mains :

"Alors, ça va, la besogne ?"

Mais une idée me venait.

"Vous devez avoir faim, mon oncle, après ce voyage ?

– Ma foi ! c'est vrai, je casserais bien une petite croûte."

Je me précipite sur l'armoire (j'avais les restes du dîner), et c'était une rude fourchette que mon oncle, un vrai curé normand capable de manger douze heures de suite. Je sors un morceau de bœuf pour faire durer le temps, car je savais bien qu'il ne l'aimait pas ; puis, lorsqu'il en eut suffisamment mangé, j'apportai les restes d'un poulet, un pâté presque tout entier, une salade de pommes de terre, trois pots de crème, et du vin fin que j'avais mis de côté pour le lendemain. Ah ! monsieur, il faillit tomber à la renverse :

"Nom d'un petit bonhomme ! Quel garde-manger !..."

Et je le bourre, monsieur, je le bourre ! Il ne résistait pas, d'ailleurs (on disait, dans le pays qu'il aurait avalé un troupeau de bœufs).

Lorsqu'il eut tout dévoré, il était cinq heures du matin ! Je me sentais sur des charbons ardents. Je traînai encore une heure avec le café et toutes les rincettes ; mais il se leva, à la fin.

"Voyons ton logement", dit-il.

J'étais perdu, et je le suivis en songeant à me jeter par la fenêtre... En entrant dans la chambre, prêt à m'évanouir, attendant néanmoins je ne sais quel hasard, une suprême espérance me fit bondir le cœur. La brave fille avait fermé les rideaux du lit ! Ah ! s'il pouvait ne pas les ouvrir ? Hélas ! monsieur, il s'en approche tout de suite, sa bougie à la main, et d'un seul coup il les relève... Il faisait chaud : nous avions retiré les couvertures, et il ne restait que le drap, qu'elle tenait fermé sur sa tête ; mais on voyait, monsieur, on voyait des contours. Je tremblais de tous mes membres, avec la gorge serrée, suffoquant. Alors, mon oncle se tourna vers moi, riant jusqu'aux oreilles ; si bien que je faillis sauter au plafond, de stupéfaction.

"Ah ! ah ! mon farceur, dit-il, tu n'as pas voulu réveiller ton frère ; eh bien, tu vas voir comment je le réveille, moi."

Et je vis sa grosse main de paysan qui se levait ; et, pendant qu'il étouffait de rire, elle retomba comme le tonnerre sur... sur les contours qu'on voyait, monsieur.

Il y eut un cri terrible dans le lit ; et puis comme une tempête sous le drap ! Ça remuait, ça remuait ; elle ne pouvait plus se dégager. Enfin, elle apparut, presque tout entière d'un seul coup, avec des yeux comme des lanternes ; et elle regardait mon oncle qui s'éloignait à reculons, la bouche ouverte, et soufflant, monsieur, comme s'il allait se trouver mal !

Alors, je perdis tout à fait la tête, et je m'enfuis... J'errai pendant six jours, monsieur, n'osant pas rentrer chez moi. Enfin, quand je m'enhardis à revenir, il n'y avait plus personne... »

Patissot, qu'un grand rire secouait, lâcha un : « Je le crois bien ! » qui fit taire son voisin.

Mais, au bout d'une seconde, le bonhomme reprit :

« Je n'ai jamais revu mon oncle, qui m'a déshérité, persuadé que je profitais des absences de mon frère pour exécuter mes farces.

Je n'ai jamais revu Victorine. Toute ma famille m'a tourné le dos ; et mon frère lui-même, qui a profité de la situation, puisqu'il a touché cent mille francs à la mort de mon oncle, semble me considérer comme un vieux libertin. Et cependant, monsieur, je vous jure que, depuis ce moment, jamais… jamais… jamais !… Il y a, voyez-vous, des minutes qu'on n'oublie pas.

– Et qu'est-ce que vous faites ici ? » demanda Patissot.

L'autre, d'un large coup d'œil, parcourut l'horizon, comme s'il eût craint d'être entendu par quelque oreille inconnue ; puis il murmura, avec une terreur dans la voix :

« Je fuis les femmes, monsieur ! »

VIII
Essai d'amour

Beaucoup de poètes pensent que la nature n'est pas complète sans la femme, et de là viennent sans doute toutes les comparaisons fleuries qui, dans leurs chants, font tour à tour de notre compagne naturelle une rose, une violette, une tulipe, etc., etc. Le besoin d'attendrissement qui nous prend à l'heure du crépuscule, quand la brume des soirs commence à flotter sur les coteaux, et quand toutes les senteurs de la terre nous grisent, s'épanche imparfaitement en des invocations lyriques ; et M. Patissot, comme les autres, fut pris d'une rage de tendresse, de doux baisers rendus le long des sentiers où coule du soleil, des mains pressées, de tailles rondes ployant sous son étreinte.

Il commençait à entrevoir l'amour comme une délectation sans bornes, et, dans ses heures de rêveries, il remerciait le grand Inconnu d'avoir mis tant de charme aux caresses des hommes. Mais il lui fallait une compagne, et il ne savait où la rencontrer. Sur le conseil d'un ami, il se rendit aux Folies-Bergère[1]. Il en vit là un assortiment complet ; or, il se trouva fort perplexe pour décider entre elles, car les désirs de son cœur étaient faits surtout d'élans poétiques, et la poésie ne paraissait pas être le fort des demoiselles aux yeux charbonnés qui lui jetaient de troublants sourires avec l'émail de leurs fausses dents.

Enfin, son choix s'arrêta sur une jeune débutante qui paraissait pauvre et timide, et dont le regard triste semblait annoncer une nature assez facilement poétisable.

Il lui donna rendez-vous pour le lendemain neuf heures, à la gare Saint-Lazare.

---

[1]. Ouvert en 1869, le théâtre des Folies-Bergère présente au public des opérettes, des pantomimes, des spectacles de cabaret.

Elle n'y vint pas, mais elle eut la délicatesse d'envoyer une amie à sa place.

C'était une grande fille rousse, habillée patriotiquement en trois couleurs et couverte d'un immense chapeau-tunnel dont sa tête occupait le centre. M. Patissot, un peu désappointé, accepta tout de même ce remplaçant. Et l'on partit pour Maisons-Laffitte, où étaient annoncées des régates et une grande fête vénitienne.

Aussitôt qu'on fut dans le wagon, occupé déjà par deux messieurs décorés, et trois dames qui devaient être au moins des marquises, tant elles montraient de dignité, la grande rousse, qui répondait au nom d'Octavie, annonça à Patissot, avec une voix de perruche, qu'elle était très bonne fille, aimant à rigoler et adorant la campagne, parce qu'on y cueille des fleurs et qu'on y mange de la friture : et elle riait d'un rire aigu à casser les vitres, appelant familièrement son compagnon : « Mon gros loup. »

Une honte envahissait Patissot, à qui son titre d'employé du gouvernement imposait certaines réserves. Mais Octavie se tut, regardant de côté ses voisines, prise du désir immodéré qui hante toutes les filles de faire connaissance avec des femmes honnêtes. Au bout de cinq minutes, elle crut avoir trouvé un joint, et, tirant de sa poche le *Gil Blas*[1], elle l'offrit poliment à l'une des dames, stupéfaite, qui refusa

---

1. Quotidien républicain, littéraire et mondain, fondé en 1879 par Auguste Dumont.

d'un signe de tête. Alors, la grande rousse, blessée, lâcha des mots à double sens, parlant des femmes qui *font leur poire*[1], sans valoir mieux que les autres ; et, quelquefois même, elle jetait un gros mot qui faisait un effet de pétard ratant au milieu de la dignité glaciale des voyageurs.

Enfin on arriva. Patissot voulut tout de suite gagner les coins ombreux du parc, espérant que la mélancolie des bois apaiserait l'humeur irritée de sa compagne. Mais un autre effet se produisit. Aussitôt qu'elle fut dans les feuilles et qu'elle aperçut de l'herbe, elle se mit à chanter à tue-tête des morceaux d'opéra traînant dans sa mémoire de linotte, faisant des roulades, passant de *Robert le Diable* à *La Muette*[2], affectionnant surtout une poésie sentimentale dont elle roucoulait les derniers vers avec des sons perçants comme des vrilles.

Puis, tout à coup, elle eut faim et voulut rentrer. Patissot, qui toujours attendait l'attendrissement espéré, essayait en vain de la retenir. Alors elle se fâcha.

« Je ne suis pas ici pour m'embêter, n'est-ce pas ? »

Et il fallut gagner le restaurant du *Petit-Havre*, tout près de l'endroit où devaient avoir lieu les régates.

---

1. « Faire sa poire » (argot), c'est prendre des airs supérieurs.
2. *Robert le Diable*, opéra composé par Giacomo Meyerbeer (1791-1864) sur un livret d'Eugène Scribe (1791-1861) et de Casimir Delavigne (1793-1843), également librettistes de l'opéra *La Muette de Portici* composé par Esprit Aubert (1782-1871).

Elle commanda un déjeuner à n'en plus finir, une succession de plats comme pour nourrir un régiment. Puis, ne pouvant attendre, elle réclama des hors-d'œuvre. Une boîte de sardines apparut ; elle se jeta dessus à croire que le fer-blanc de la boîte lui-même y passerait ; mais, quand elle eut mangé deux ou trois des petits poissons huileux, elle déclara qu'elle n'avait plus faim et voulut aller voir les préparatifs des courses.

Patissot, désespéré et pris de fringale à son tour, refusa absolument de se lever. Elle partit seule, promettant de revenir pour le dessert ; et il commença à manger, silencieux et solitaire, ne sachant comment amener cette nature rebelle à la réalisation de son rêve.

Comme elle ne revenait pas, il se mit à sa recherche.

Elle avait retrouvé des amis, une bande de canotiers presque nus, rouges jusqu'aux oreilles et gesticulant, qui, devant la maison du constructeur Fournaise[1], réglaient en vociférant tous les détails du concours.

Deux messieurs d'aspect respectable, des juges sans doute, les écoutaient attentivement. Aussitôt qu'elle aperçut Patissot, Octavie, pendue au bras noir

---

1. À Chatou, cet hôtel-restaurant très prisé est tenu par la famille d'Alphonse Fournaise et sert de lieu de rassemblement pour des activités nautiques.

d'un grand diable possédant assurément plus de biceps que de cervelle, lui jeta quelques mots dans l'oreille. L'autre répondit :

« C'est entendu. »

Et elle revint à l'employé toute joyeuse, le regard vif, presque caressante.

« Je veux faire un tour en bateau », dit-elle.

Heureux de la voir si charmante, il consentit à ce nouveau désir et se procura une embarcation.

Mais elle refusa obstinément d'assister aux régates, malgré l'envie de Patissot.

« J'aime mieux être seule avec toi, mon loup. »

Un frisson lui secoua le cœur… Enfin !…

Il retira sa redingote et se mit à ramer avec furie.

Un vieux moulin monumental, dont les roues vermoulues pendaient au-dessus de l'eau, enjambait avec ses deux arches un tout petit bras du fleuve. Ils passèrent dessous lentement, et, quand ils furent de l'autre côté, ils aperçurent devant eux un bout de rivière adorable, ombragé par de grands arbres, qui formaient au-dessus une sorte de voûte. Le petit bras se déroulait, tournait, zigzaguait à gauche, à droite, découvrant sans cesse des horizons nouveaux, de larges prairies d'un côté, et, de l'autre, une colline toute peuplée de chalets. On passa devant un établissement de bains presque enseveli dans la verdure, un coin charmant et champêtre, où des messieurs en gants frais, auprès de dames enguirlandées, mettaient toute la gaucherie ridicule des élégants à la campagne.

Elle poussa un cri de joie.

« Nous nous baignerons là, tantôt ! »

Puis, plus loin, dans une sorte de baie, elle voulut s'arrêter :

« Viens ici, mon gros, tout près de moi. »

Elle lui passa les bras au cou et, la tête appuyée sur l'épaule de Patissot, elle murmura :

« Comme on est bien ! comme il fait bon sur l'eau ! »

Patissot, en effet, nageait dans le bonheur ; et il pensait à ces canotiers stupides, qui, sans jamais sentir le charme pénétrant des berges et la grâce frêle des roseaux, vont toujours, essoufflés, suants et abrutis d'exercice, du caboulot où l'on déjeune au caboulot où l'on dîne.

Mais, à force d'être bien, il s'endormit. Quand il se réveilla... il était seul. Il appela d'abord ; personne ne répondit. Inquiet, il monta sur la rive, craignant déjà qu'un malheur ne fût arrivé.

Alors, tout là-bas, et venant vers lui, il vit une yole mince et longue que quatre rameurs pareils à des nègres faisaient filer, ainsi qu'une flèche. Elle approchait, courant sur l'eau : une femme tenait la barre... Ciel !... on dirait... C'était elle !... Pour régler le rythme des rames, elle chantait de sa voix coupante une chanson de canotiers qu'elle interrompit un instant quand elle fut devant Patissot. Alors, envoyant un baiser des doigts, elle lui cria :

« Gros serin, va ! »

IX
Un dîner et quelques idées

À l'occasion de la fête nationale, M. Perdrix (Antoine), chef de bureau de M. Patissot, fut nommé chevalier de la Légion d'honneur. Il comptait trente ans de services sous les régimes précédents, et dix années de ralliement au gouvernement actuel. Ses employés, quoique murmurant un peu d'être ainsi récompensés en la personne de leur chef, jugèrent bon de lui offrir une croix enrichie de faux diamants ; et le nouveau chevalier, ne voulant pas rester en arrière, les invita tous à dîner pour le dimanche suivant, dans sa propriété d'Asnières.

La maison, enluminée d'ornements mauresques, avait un aspect de café-concert, mais sa situation lui donnait de la valeur, car la ligne du chemin de fer, coupant le jardin dans toute sa largeur, passait à vingt mètres du perron. Sur le rond de gazon obligatoire, un bassin en ciment romain contenait des poissons rouges, et un jet d'eau, en tout semblable à une seringue, lançait parfois en l'air des arcs-en-ciel microscopiques dont s'émerveillaient les visiteurs.

L'alimentation de cet irrigateur faisait la constante préoccupation de M. Perdrix qui se levait parfois dès cinq heures du matin afin d'emplir le réservoir. Il pompait alors avec acharnement, en manches de chemise, son gros ventre débordant de la culotte, afin d'avoir, à son retour du bureau, la satisfaction de lâcher les grandes eaux, et de se figurer qu'une fraîcheur s'en répandait dans le jardin.

Le soir du dîner officiel, tous les invités, l'un après l'autre, s'extasièrent sur la situation du domaine, et chaque fois qu'on entendait, au loin, venir un train, M. Perdrix leur annonçait sa destination : Saint-Germain, Le Havre, Cherbourg ou Dieppe, et, par farce, on faisait des signes aux voyageurs penchés aux portières.

Le bureau complet se trouvait là. C'était d'abord M. Capitaine, sous-chef ; M. Patissot, commis principal ; puis MM. de Sombreterre et Vallin, jeunes employés élégants qui ne venaient au bureau qu'à leurs heures ; enfin M. Rade, célèbre dans tout le ministère par les doctrines insensées qu'il affichait, et l'expéditionnaire, M. Boivin.

M. Rade passait pour un type. Les uns le traitaient de *fantaisiste* ou d'*idéologue* ; les autres de *révolutionnaire* ; tout le monde s'accordait à dire que c'était un maladroit. Vieux déjà, maigre et petit, avec un œil vif et de longs cheveux blancs, il avait professé toute sa vie le plus profond mépris pour la besogne administrative. Remueur de livres et grand liseur, d'une nature toujours révoltée contre tout, chercheur de vérité et contempteur des préjugés courants, il avait une façon nette et paradoxale d'exprimer ses opinions qui fermait la bouche aux imbéciles satisfaits et aux mécontents sans savoir pourquoi. On disait : « Ce vieux fou de Rade », ou bien : « Cet écervelé de Rade » ; et la lenteur de son avancement semblait donner raison contre lui aux médiocres parvenus. L'indépendance de sa parole faisait trembler bien souvent ses collègues, qui se demandaient avec terreur comment il avait pu conserver sa place. Aussitôt qu'on fut à table, M. Perdrix, dans un petit discours bien senti, remercia ses « collaborateurs », leur promit sa protection d'autant plus efficace que son autorité grandissait, et il termina par une péroraison émue où il remerciait et glorifiait le gouvernement libéral et juste, qui sait chercher le mérite parmi les humbles.

M. Capitaine, sous-chef, répondit au nom du bureau, félicita, congratula, salua, exalta, chanta les louanges de tous ; et des applaudissements frénétiques accueillirent ces deux morceaux d'éloquence. Après quoi l'on se mit sérieusement à manger.

Tout alla bien jusqu'au dessert, la misère des propos ne gênant personne. Mais, au café, une discussion s'élevant déchaîna tout à coup M. Rade, qui se mit à passer les bornes.

On parlait d'amour naturellement, et un souffle de chevalerie grisant cette salle de bureaucrates, on vantait avec exaltation la beauté supérieure de la femme, sa délicatesse d'âme, son aptitude aux choses exquises, la sûreté de son jugement et la finesse de ses sentiments. M. Rade se mit à protester, refusant avec énergie au sexe qualifié de « beau » toutes les qualités qu'on lui prêtait ; et, devant l'indignation générale, il cita des auteurs :

« Schopenhauer, messieurs, Schopenhauer, un grand philosophe que l'Allemagne vénère[1]. Voici ce qu'il dit : "Il a fallu que l'intelligence de l'homme fût bien obscurcie par l'amour pour qu'il ait appelé beau ce sexe de petite taille, aux épaules étroites, aux larges hanches et aux jambes courbes. Toute sa beauté, en effet, réside dans l'instinct de l'amour. Au lieu de le nommer beau, il eût été plus juste de l'appeler l'*inesthétique*. Les femmes n'ont ni le sentiment ni l'intelligence de la musique, pas plus que de la poésie ou des arts plastiques ; ce n'est chez elles que pure singerie, pur prétexte, pure affectation exploitée par leur désir de plaire[2]."

– L'homme qui a dit ça est un imbécile », déclara M. de Sombreterre.

M. Rade, souriant, continua :

« Et Rousseau, monsieur ? Voici son opinion : "Les femmes, en général, n'aiment aucun art, ne se connaissent à aucun, et n'ont aucun génie[3]." »

M. de Sombreterre haussa dédaigneusement les épaules :

---

[1]. Arthur Schopenhauer (1788-1860), philosophe allemand dont le pessimisme influence profondément l'œuvre de Maupassant.
[2]. Citation de *Pensées, maximes et fragments*, recueil de textes de Schopenhauer traduits en français en 1880 par Jean Bourdeau.
[3]. Citation d'une lettre de Rousseau à d'Alembert par Schopenhauer, *ibid.*

« Rousseau est aussi bête que l'autre, voilà tout. »

M. Rade souriait toujours :

« Et lord Byron[1], qui pourtant aimait les femmes, monsieur, voici ce qu'il dit : "On devrait bien les nourrir et les bien vêtir, mais ne point les mêler à la société. Elles devraient aussi être instruites de la religion, mais ignorer la poésie et la politique, ne lire que les livres de piété et de cuisine[2]." »

M. Rade continua :

« Voyez, messieurs, elles étudient toutes la peinture et la musique. Il n'y en a pas une cependant qui ait fait un bon tableau ou un opéra remarquable ! Pourquoi, messieurs ? Parce qu'elles sont le *sexus sequior*, le sexe second à tous égards, fait pour se tenir à l'écart et au second plan. »

M. Patissot se fâchait :

« Et Mme Sand, monsieur ?

– Une exception, monsieur, une exception. Je vous citerai encore un passage d'un autre grand philosophe, anglais celui-là : Herbert Spencer[3]. Voici : "Chaque sexe est capable, sous l'influence de stimulants particuliers, de manifester des facultés ordinairement réservées à l'autre. Ainsi, pour prendre un cas

---

1. Lord Byron (1788-1824), poète anglais, figure de l'écrivain romantique, auteur de *Manfred* (1817) et de *Don Juan* (1819-1824).
2. Citation de Byron par Schopenhauer, *Pensées, maximes et fragments, op. cit.*
3. Citation de l'*Introduction à la science sociale* (1873) d'Herbert Spencer (1820-1903).

extrême, une excitation spéciale peut faire donner du lait aux mamelles des hommes ; on a vu, pendant des famines, des petits enfants privés de leur mère être sauvés de cette façon. Nous ne mettrons pourtant pas cette faculté d'avoir du lait au nombre des attributs du mâle. De même, l'intelligence féminine qui, dans certains cas, donnera des produits supérieurs, doit être négligée dans l'estimation de la nature féminine, en tant que facteur social…" »

M. Patissot, blessé dans tous ses instincts chevaleresques originels, déclara :

« Vous n'êtes pas français, monsieur. La galanterie française est une des formes du patriotisme. »

M. Rade releva la balle.

« J'ai fort peu de patriotisme, monsieur, le moins possible. »

Un froid se répandit, mais il continua tranquillement :

« Admettez-vous avec moi que la guerre soit une chose monstrueuse ; que cette coutume d'égorgement des peuples constitue un état permanent de sauvagerie ; qu'il soit odieux, alors que le seul bien réel est *la vie*, de voir les gouvernements, dont le devoir est de protéger l'existence de leurs sujets, chercher avec obstination des moyens de destruction ? Oui, n'est-ce pas ? Eh bien, si la guerre est une chose horrible, le patriotisme ne serait-il pas l'idée mère qui l'entretient ? Quand un assassin tue, il a une pensée, c'est de voler. Quand un brave homme, à coups de baïonnette, crève un autre honnête homme, père de famille ou grand artiste peut-être, à quelle pensée obéit-il ?... »

Tout le monde se sentait profondément blessé.

« Quand on pense des choses pareilles, on ne les dit pas en société. »

M. Patissot reprit :

« Il y a pourtant, monsieur, des principes que tous les honnêtes gens reconnaissent. »

M. Rade demanda :

« Lesquels ? »

Alors solennellement, M. Patissot prononça : « La morale, monsieur. »

M. Rade rayonnait, il s'écria :

« Un seul exemple, messieurs, un tout petit exemple. Quelle opinion avez-vous des messieurs à casquette de soie qui font sur les boulevards extérieurs le joli métier que vous savez, et qui en vivent ? »

Une moue de dégoût parcourut la table :

« Eh bien ! messieurs, il y a un siècle seulement, quand un élégant gentilhomme, très chatouilleux sur le point d'honneur, avait pour... amie... une "très belle et honneste dame de haute lignée", il était fort bien porté de vivre à ses dépens, messieurs, et même de la ruiner tout à fait. On trouvait ce jeu-là charmant. Donc les principes de morale ne sont pas fixes... et alors... »

M. Perdrix, visiblement embarrassé, l'arrêta :

« Vous sapez les bases de la société, monsieur Rade, il faut toujours avoir des *principes*. Ainsi, en politique, voici M. de Sombreterre qui est légitimiste, M. Vallin orléaniste, M. Patissot et moi républicains, nous avons des principes très différents, n'est-ce pas, et cependant nous nous entendons fort bien parce que nous en avons. »

Mais M. Rade s'écria :

« Moi aussi, j'en ai, messieurs, j'en ai de très arrêtés. »

M. Patissot releva la tête, et, froidement :

« Je serais heureux de les connaître, monsieur. »

M. Rade ne se fit pas prier :

« Les voici, monsieur.

1er principe. – Le gouvernement d'un seul est une monstruosité.

2e principe. – Le suffrage restreint est une injustice.

3e principe. – Le suffrage universel est une stupidité.

En effet, livrer des millions d'hommes, des intelligences d'élite, des savants, des génies même, au caprice, au bon vouloir d'un être qui, dans un moment de gaieté, de folie, d'ivresse ou d'amour, n'hésitera pas à tout sacrifier pour sa fantaisie exaltée, dépensera l'opulence du pays péniblement amassée par tous, fera hacher des milliers d'hommes sur les champs de bataille, etc., etc., me paraît être, à moi, simple raisonneur, une monstrueuse aberration.

Mais en admettant que le pays doive se gouverner lui-même, exclure sous un prétexte toujours discutable une partie des citoyens de l'administration des affaires est une injustice si flagrante, qu'il me semble inutile de la discuter davantage.

Reste le suffrage universel. Vous admettez bien avec moi que les hommes de génie sont rares, n'est-ce pas ? Pour être large, convenons qu'il y en ait cinq en France, en ce moment. Ajoutons toujours pour être large, deux cents hommes de grand talent, mille autres possédant des talents divers, et dix mille hommes supérieurs d'une façon quelconque. Voilà un état-major de onze mille deux cent cinq esprits. Après quoi vous avez l'armée des médiocres, que suit la multitude des imbéciles. Comme les médiocres et les imbéciles forment toujours l'immense majorité, il est inadmissible qu'ils puissent élire un gouvernement intelligent.

Pour être juste, j'ajoute que logiquement le suffrage universel me semble le seul principe admissible, mais qu'il est inapplicable, voici pourquoi.

Faire concourir au gouvernement toutes les forces vives d'un pays, représenter tous les intérêts, tenir compte de tous les droits, est un rêve idéal, mais peu pratique, car la seule force que vous puissiez mesurer est justement celle qui devrait être la plus négligée, la force stupide, le nombre. D'après votre méthode, le nombre inintelligent prime le génie, le savoir, toutes les connaissances acquises, la richesse, l'industrie, etc.,

etc. Quand vous pourrez donner à un membre de l'Institut dix mille voix contre une au chiffonnier, cent voix au grand propriétaire contre dix voix à son fermier, vous aurez équilibré à peu près les forces et obtenu une représentation nationale qui vraiment représentera toutes les puissances de la nation. Mais je vous défie bien de faire ça.

Voici mes conclusions :

Autrefois, quand on ne pouvait exercer aucune profession, on se faisait photographe ; aujourd'hui on se fait député. Un pouvoir ainsi composé sera toujours lamentablement incapable ; mais incapable de faire du mal autant qu'incapable de faire du bien. Un tyran, au contraire, s'il est bête, peut faire beaucoup de mal et, s'il se rencontre intelligent (ce qui est infiniment rare), beaucoup de bien.

Entre ces formes de gouvernement, je ne me prononce pas ; et je me déclare anarchiste, c'est-à-dire partisan du pouvoir le plus effacé, le plus insensible, le plus libéral au grand sens du mot, et révolutionnaire en même temps, c'est-à-dire l'ennemi éternel de ce même pouvoir, qui ne peut être, de toute façon, qu'absolument défectueux. Voilà. »

Des cris d'indignation s'élevèrent autour de la table, et tous, légitimistes, orléanistes, républicains par nécessité, se fâchèrent tout rouge, M. Patissot, particulièrement, suffoquait et, se tournant vers M. Rade :

« Alors, monsieur, vous ne croyez à rien. »

L'autre répondit simplement :

« Non, monsieur. »

La colère qui souleva tous les convives empêcha M. Rade de continuer, et M. Perdrix, redevenant chef, ferma la discussion.

« Assez, messieurs, je vous en prie. Nous avons chacun notre opinion, n'est-ce pas, et nous ne sommes pas disposés à en changer. »

On approuva cette parole juste. Mais M. Rade, toujours révolté, voulut avoir le dernier mot.

« J'ai pourtant une morale, dit-il, elle est bien simple et toujours applicable ; une phrase la formule, la voici : *"Ne faites pas à autrui ce que vous ne voudriez pas qu'on vous fît."* Je vous défie de la mettre en défaut, tandis qu'en trois arguments je me charge de démolir le plus sacré de vos principes. »

Cette fois on ne répondit pas. Mais comme on rentrait le soir deux par deux, chacun disait à son compagnon :

« Non, vraiment M. Rade va beaucoup trop loin. Il a un coup de marteau certainement. On devrait le nommer sous-chef à Charenton[1]. »

---

1. Allusion à l'asile d'aliénés de Charenton-le-Pont.

X
Séance publique

Des deux côtés d'une porte au-dessus de laquelle le mot « Bal » s'étalait en lettres voyantes, de larges affiches d'un rouge violent annonçaient que, ce dimanche-là, ce lieu de plaisir populaire recevait une autre destination.

M. Patissot, qui flânait comme un bon bourgeois, en digérant son déjeuner, et se dirigeait tout doucement vers la gare, s'arrêta, l'œil saisi par cette couleur écarlate, et il lut :

ASSOCIATION GÉNÉRALE INTERNATIONALE
POUR LA REVENDICATION DES DROITS DE LA FEMME

COMITÉ CENTRAL SIÉGEANT À PARIS

GRANDE SÉANCE PUBLIQUE

Sous la présidence de la citoyenne libre penseuse Zoé Lamour et de la citoyenne nihiliste russe Eva Schourine, avec le concours d'une délégation de citoyennes du cercle libre de la Pensée indépendante, et d'un groupe de citoyens adhérents.

La citoyenne Césarine Brau et le citoyen Sapience Cornut, retour d'exil, prendront la parole.

―――

Prix d'entrée : 1 franc.

Une vieille dame à lunettes, assise devant une table couverte d'un tapis, percevait l'argent, M. Patissot entra.

Dans une salle, déjà presque pleine, flottait cette odeur de chien mouillé, que dégagent toujours les jupes des vieilles filles, avec un reste de parfums suspects des bals publics.

M. Patissot, en cherchant bien, découvrit une place libre au second rang, à côté d'un vieux monsieur décoré et d'une petite femme vêtue en ouvrière, à l'œil exalté, ayant sur la joue une marbrure enflée.

Le bureau était au complet.

La citoyenne Zoé Lamour, une jolie brune replète, portant des fleurs rouges dans ses cheveux noirs, partageait la présidence avec une petite blonde maigre, la citoyenne nihiliste russe Eva Schourine.

Juste au-dessous d'elles, l'illustre citoyenne Césarine Brau, surnommée le « Tombeur des hommes », belle fille aussi, était assise à côté du citoyen Sapience Cornut, retour d'exil. Celui-là, un vieux solide, à tous crins, d'aspect féroce, regardait la salle comme un chat regarde une volière d'oiseaux, et ses poings fermés reposaient sur ses genoux.

À droite, une délégation d'antiques citoyennes sevrées d'époux, séchées dans le célibat, et exaspérées dans l'attente, faisait vis-à-vis à un groupe de citoyens réformateurs de l'humanité, qui n'avaient jamais coupé ni leur barbe ni leurs cheveux, pour indiquer sans doute l'infini de leurs aspirations.

Le public était mêlé.

Les femmes, en majorité, appartenaient à la caste des portières et des marchandes qui ferment boutique le dimanche. Partout le type de la vieille fille inconsolable (dit trumeau) réapparaissait entre les faces rouges des bourgeoises. Trois collégiens parlaient bas dans un coin, venus pour être au milieu de femmes. Quelques familles étaient entrées par curiosité. Mais au premier rang un nègre en coutil jaune, un nègre frisé, magnifique, regardait obstinément le bureau en riant de l'une à l'autre oreille, d'un rire muet, contenu, qui faisait étinceler ses dents blanches dans sa face noire. Il riait sans un mouvement du corps, comme un homme ravi, transporté. Pourquoi était-il là ? Mystère. Avait-il cru entrer au spectacle ? Ou bien se disait-il dans sa boule crépue d'Africain : « Vrai, vrai, ils sont trop drôles, ces farceurs-là ; ce n'est pas sous l'équateur qu'on en trouverait de pareils. »

La citoyenne Zoé Lamour ouvrit la séance par un petit discours.

Elle rappela la servitude de la femme depuis les origines du monde ; son rôle obscur, toujours héroïque, son dévouement constant à toutes les grandes idées. Elle la compara au peuple d'autrefois, au peuple des rois et de l'aristocratie, l'appelant : « l'éternelle martyre » pour qui tout homme est un *maître* ; et, dans un grand mouvement lyrique, elle s'écria : « Le peuple a eu son 89, ayons le nôtre ; l'homme opprimé a fait sa *Révolution* ; le captif a brisé sa chaîne ; l'esclave indigné s'est révolté. Femmes, imitons nos despotes. Révoltons-nous ; brisons l'antique chaîne du mariage et de la servitude ; marchons à la conquête de nos droits ; faisons aussi notre révolution. »

Elle s'assit au milieu d'un tonnerre d'applaudissements ; et le nègre, délirant de joie, se tapait le front contre ses genoux en poussant des cris aigus.

La citoyenne nihiliste russe Eva Schourine se leva, et, d'une voix perçante et féroce :

« Je suis russe, dit-elle. J'ai levé l'étendard de la révolte ; cette main a frappé les oppresseurs de ma patrie ; et, je le déclare à vous, femmes françaises, qui m'écoutez, je suis prête, sous tous les soleils, dans toutes les parties de l'univers, à frapper la tyrannie de l'homme, à venger partout la femme odieusement opprimée. »

Un grand tumulte d'approbation eut lieu, et le citoyen Sapience Cornut, lui-même, se levant, frotta galamment sa barbe jaune contre cette main vengeresse.

C'est alors que la cérémonie prit un caractère vraiment international. Les citoyennes déléguées par les puissances étrangères se levèrent l'une après l'autre, apportant l'adhésion de leurs patries. Une Allemande parla d'abord. Obèse, avec une végétation de filasse sur le crâne, elle bredouillait d'une voix pâteuse :

« Che feu tire toute la choie qu'on a ébrouvée dans la fieille Allemagne quand on a chu le grand moufement des femmes barisiennes. Nos boitrines (elle frappa la sienne, qui ne résista pas au choc), nos boitrines ont tréchailli, nos... nos... che ne barle pas très bien, mais nous chommes avec vous. »

Une Italienne, une Espagnole, une Suédoise en dirent autant en des langages inattendus ; et, pour finir, une Anglaise démesurée, dont les dents semblaient des instruments de jardinage, s'exprima en ces termes :

« Je volé aussi apôté les participéchone de la libre Hangleterre à la manifestéchône si... si... pittoresque dc la populéchône féminine de France pour l'émancipéchône de cette pâtie féminine. Hip ! hip ! hurrah ! »

Cette fois, le nègre se mit à pousser de tels cris d'enthousiasme, avec des gestes de satisfaction si immodérés (jetant ses jambes par-dessus le dossier des banquettes et se tapant les cuisses avec fureur), que deux commissaires de la séance furent obligés de le calmer.

Le voisin de Patissot murmura :

« Des hystériques ! toutes hystériques. »

Patissot croyant qu'on lui parlait, se retourna :

« Plaît-il ? »

Le monsieur s'excusa.

« Pardon, je ne vous parlais pas. Je disais seulement que toutes ces folles sont des hystériques ! »

M. Patissot, prodigieusement surpris, demanda :

« Vous les connaissez donc ?

– Un peu, monsieur ! Zoé Lamour a fait son noviciat pour être religieuse. Et d'une. Eva Schourine a été poursuivie comme incendiaire et reconnue folle. Et de deux. Césarine Brau est une simple intrigante qui veut faire parler d'elle. J'en aperçois trois autres là-bas qui ont passé dans mon service à l'hôpital de X... Quant à tous les vieux carcans qui nous entourent, je n'ai pas besoin d'en parler. »

Mais des « chut ! » partaient de tous les côtés. Le citoyen Sapience Cornut, retour d'exil, se levait. Il roula d'abord des yeux terribles ; puis, d'une voix creuse qui semblait le mugissement du vent dans une caverne, il commença :

« Il est des mots grands comme des principes, lumineux comme des soleils, retentissants comme des coups de tonnerre : Liberté ! Égalité ! Fraternité ! Ce sont les bannières des peuples. Sous leurs plis, nous avons marché à l'assaut des tyrannies. À votre tour, ô femmes, de les brandir comme des armes pour marcher à la conquête de l'indépendance. Soyez libres,

libres dans l'amour, dans la maison, dans la patrie. Devenez nos égales au foyer, nos égales dans la rue, nos égales surtout dans la politique et devant la loi. Fraternité ! Soyez nos sœurs, les confidentes de nos projets grandioses, nos compagnes vaillantes. Soyez, devenez véritablement une moitié de l'humanité au lieu de n'en être qu'une parcelle. »

Et il se lança dans la politique transcendante, développant des projets larges comme le monde, parlant de l'âme des sociétés, prédisant la République universelle édifiée sur ces trois bases inébranlables : la liberté, l'égalité, la fraternité.

Quand il se tut, la salle faillit crouler sous les bravos. M. Patissot, stupéfait, se tourna vers son voisin.

« N'est-il pas un peu fou ? »

Le vieux monsieur répondit :

« Non, monsieur ; ils sont des millions comme ça. C'est un effet de l'instruction. »

Patissot ne comprenait pas.

« De l'instruction ?

– Oui ; maintenant qu'ils savent lire et écrire, la bêtise latente se dégage.

– Alors, monsieur, vous croyez que l'instruction... ?

– Pardon, monsieur, je suis un libéral, moi. Voici seulement ce que je veux dire : Vous avez une montre, n'est-ce pas ? Eh bien, cassez un ressort, et allez la porter à ce citoyen Cornut en le priant de la raccommoder. Il vous répondra, en jurant, qu'il n'est pas horloger. Mais, si quelque chose se trouve détraqué dans cette machine infiniment compliquée qui s'appelle la France, il se croit le plus capable des hommes pour la réparer séance tenante. Et quarante mille braillards de son espèce en pensent autant et le proclament sans cesse. Je dis, monsieur, que nous manquons jusqu'ici de classes dirigeantes nouvelles, c'est-à-dire d'hommes nés de pères ayant manié le pouvoir, élevés dans cette idée, instruits spécialement pour cela comme on instruit spécialement les jeunes gens qui se destinent à la Polytechnique. »

Des « chut ! » nombreux l'interrompirent encore une fois. Un jeune homme à l'air mélancolique occupait la tribune.

Il commença :

« Mesdames, j'ai demandé la parole pour combattre vos théories. Réclamer pour la femme des droits civils égaux à ceux de l'homme équivaut à réclamer la fin de votre pouvoir. Le seul aspect extérieur de la femme révèle qu'elle n'est destinée ni aux durs travaux physiques ni aux longs efforts intellectuels. Son rôle est autre, mais non moins beau. Elle met de la poésie dans la vie. De par la puissance de sa grâce, un rayon de ses yeux, le charme de son sourire, elle domine l'homme, qui domine le monde. L'homme a la force que vous ne pouvez lui prendre ; mais vous avez la séduction qui captive la force. De quoi vous plaignez-vous ? Depuis que le monde existe, vous êtes les souveraines et les dominatrices. Rien ne se fait sans vous. C'est pour vous que s'accomplissent toutes les belles œuvres.

Mais du jour où vous deviendrez nos égales, civilement, politiquement, vous deviendrez nos rivales. Prenez garde alors que le charme ne soit rompu qui fait toute votre force. Alors, comme nous sommes incontestablement les plus vigoureux et les mieux doués pour les sciences et les arts, votre infériorité apparaîtra, et vous deviendrez véritablement des opprimées.

Vous avez le beau rôle, mesdames, puisque vous êtes pour nous la séduction de la vie, l'illusion sans fin, l'éternelle récompense de nos efforts. Ne cherchez donc point à en changer. Vous ne réussirez pas, d'ailleurs. »

Mais les sifflets l'interrompirent. Il descendit.

Le voisin de Patissot, se levant alors :

« Un peu romantique, le jeune homme, mais sensé du moins. Venez-vous prendre un bock, monsieur ?

– Avec plaisir. »

Ils y allèrent, pendant que s'apprêtait à répondre la citoyenne Césarine Brau.

Une aventure parisienne

Est-il un sentiment plus aigu que la curiosité chez la femme ? Oh ! savoir, connaître, toucher ce qu'on a rêvé ! Que ne ferait-elle pas pour cela ? Une femme, quand sa curiosité impatiente est en éveil, commettra toutes les folies, toutes les imprudences, aura toutes les audaces, ne reculera devant rien. Je parle des femmes vraiment femmes, douées de cet esprit à triple fond qui semble, à la surface, raisonnable et froid, mais dont les trois compartiments secrets sont remplis : l'un, d'inquiétude féminine toujours agitée ; l'autre, de ruse colorée en bonne foi, de cette ruse de dévots, sophistique et redoutable ; le dernier enfin, de canaillerie charmante, de tromperie exquise, de délicieuse perfidie, de toutes ces perverses qualités qui poussent au suicide les amants imbécilement crédules, mais ravissent les autres.

Celle dont je veux dire l'aventure était une petite provinciale, platement honnête jusque-là. Sa vie, calme en apparence, s'écoulait dans son ménage, entre un mari très occupé et deux enfants, qu'elle éle-

---

Récit publié le 22 décembre 1881 dans *Gil Blas*.

vait en femme irréprochable. Mais son cœur frémissait d'une curiosité inassouvie, d'une démangeaison d'inconnu. Elle songeait à Paris, sans cesse, et lisait avidement les journaux mondains. Le récit des fêtes, des toilettes, des joies, faisait bouillonner ses désirs ; mais elle était surtout mystérieusement troublée par les échos pleins de sous-entendus, par les voiles à demi soulevés en des phrases habiles, et qui laissent entrevoir des horizons de jouissances coupables et ravageantes.

De là-bas elle apercevait Paris dans une apothéose de luxe magnifique et corrompu.

Et pendant les longues nuits de rêve, bercée par le ronflement régulier de son mari qui dormait à ses côtés sur le dos, avec un foulard autour du crâne, elle songeait à ces hommes connus dont les noms apparaissaient à la première page des journaux comme de grandes étoiles dans un ciel sombre ; et elle se figurait leur vie affolante, avec de continuelles débauches, des orgies antiques épouvantablement voluptueuses et des raffinements de sensualité si compliqués qu'elle ne pouvait même se les figurer.

Les boulevards lui semblaient être une sorte de gouffre des passions humaines ; et toutes leurs maisons recelaient assurément des mystères d'amour prodigieux.

Elle se sentait vieillir cependant. Elle vieillissait sans avoir rien connu de la vie, sinon ces occupations régulières, odieusement monotones et banales, qui constituent, dit-on, le bonheur du foyer. Elle était jolie encore, conservée dans cette existence tranquille comme un fruit d'hiver dans une armoire close ; mais rongée, ravagée, bouleversée d'ardeurs secrètes. Elle se demandait si elle mourrait sans avoir connu toutes ces ivresses damnantes, sans s'être jetée une fois, une seule fois, tout entière, dans ce flot des voluptés parisiennes.

Avec une longue persévérance, elle prépara un voyage à Paris, inventa un prétexte, se fit inviter par des parents, et, son mari ne pouvant l'accompagner, partit seule.

Sitôt arrivée, elle sut imaginer des raisons qui lui permettraient au besoin de s'absenter deux jours ou plutôt deux nuits, s'il le fallait, ayant retrouvé, disait-elle, des amis qui demeuraient dans la campagne suburbaine.

Et elle chercha. Elle parcourut les boulevards sans rien voir, sinon le vice errant et numéroté. Elle sonda de l'œil les grands cafés, lut attentivement la petite correspondance du *Figaro*[1], qui lui apparaissait chaque matin comme un tocsin, un rappel de l'amour.

Et jamais rien ne la mettait sur la trace de ces grandes orgies d'artistes et d'actrices ; rien ne lui révélait les temples de ces débauches qu'elle imaginait fermés par un mot magique, comme la caverne des *Mille et Une Nuits* et ces catacombes de Rome, où s'accom-

---

1. Journal littéraire et mondain créé en 1826.

plissaient secrètement les mystères d'une religion persécutée.

Ses parents, petits bourgeois, ne pouvaient lui faire connaître aucun de ces hommes en vue dont les noms bourdonnaient dans sa tête ; et, désespérée, elle songeait à s'en retourner, quand le hasard vint à son aide.

Un jour, comme elle descendait la rue de la Chaussée-d'Antin, elle s'arrêta à contempler un magasin rempli de ces bibelots japonais si colorés qu'ils donnent aux yeux une sorte de gaieté. Elle considérait les mignons ivoires bouffons, les grandes potiches aux émaux flambants, les bronzes bizarres, quand elle entendit, à l'intérieur de la boutique, le patron qui, avec force révérences, montrait à un gros petit homme chauve de crâne, et gris de menton, un énorme magot[1] ventru, pièce unique, disait-il.

Et à chaque phrase du marchand, le nom de l'amateur, un nom célèbre, sonnait comme un appel de clairon. Les autres clients, des jeunes femmes, des messieurs élégants, contemplaient, d'un coup d'œil furtif et rapide, d'un coup d'œil comme il faut et manifestement respectueux, l'écrivain renommé qui, lui, regardait passionnément le magot de porcelaine. Ils étaient aussi laids l'un que l'autre, laids comme deux frères sortis du même flanc.

---

1. Figurine orientale représentant un personnage obèse.

Le marchand disait : « Pour vous, monsieur Jean Varin, je le laisserai à mille francs ; c'est juste ce qu'il me coûte. Pour tout le monde ce serait quinze cents francs ; mais je tiens à ma clientèle d'artistes et je lui fais des prix spéciaux. Ils viennent tous chez moi, monsieur Jean Varin. Hier, M. Busnach[1] m'achetait une grande coupe ancienne. J'ai vendu l'autre jour deux flambeaux comme ça (sont-ils beaux, dites ?) à M. Alexandre Dumas. Tenez, cette pièce que vous tenez là, si M. Zola la voyait, elle serait vendue, monsieur Varin. »

L'écrivain très perplexe hésitait, sollicité par l'objet, mais songeant à la somme, et il ne s'occupait pas plus des regards que s'il eût été seul dans un désert.

Elle était entrée tremblante, l'œil fixé effrontément sur lui, et elle ne se demandait même pas s'il était beau, élégant ou jeune. C'était Jean Varin lui-même, Jean Varin !

Après un long combat, une douloureuse hésitation, il reposa la potiche sur une table. « Non, c'est trop cher », dit-il.

Le marchand redoublait d'éloquence. « Oh ! monsieur Jean Varin, trop cher ? cela vaut deux mille francs comme un sou. »

---

1. Fondateur du théâtre de l'Athénée en 1867 et auteur dramatique, William Busnach (1832-1907) adapte notamment à la scène plusieurs romans de Zola.

L'homme de lettres répliqua tristement en regardant toujours le bonhomme aux yeux d'émail : « Je ne dis pas non ; mais c'est trop cher pour moi. »

Alors, elle, saisie d'une audace affolée, s'avança : « Pour moi, dit-elle, combien ce bonhomme ? »

Le marchand, surpris, répliqua :

« Quinze cent francs, madame.

– Je le prends. »

L'écrivain, qui jusque-là ne l'avait pas même aperçue, se retourna brusquement, et il la regarda des pieds à la tête en observateur, l'œil un peu fermé ; puis, en connaisseur, il la détailla.

Elle était charmante, animée, éclairée soudain par cette flamme qui jusque-là dormait en elle. Et puis une femme qui achète un bibelot de quinze cents francs n'est pas la première venue.

Elle eut alors un mouvement de ravissante délicatesse ; et se tournant vers lui, la voix tremblante : « Pardon, monsieur, j'ai été sans doute un peu vive ; vous n'aviez peut-être pas dit votre dernier mot. »

Il s'inclina : « Je l'avais dit, madame. »

Mais elle, tout émue... : « Enfin, monsieur, aujourd'hui ou plus tard, s'il vous convient de changer d'avis, ce bibelot est à vous. Je ne l'ai acheté que parce qu'il vous a plu. »

Il sourit, visiblement flatté. « Comment donc me connaissiez-vous ? » dit-il.

Alors elle lui parla de son admiration, lui cita ses œuvres, fut éloquente.

Pour causer, il s'était accoudé à un meuble, et plongeant en elle ses yeux aigus, il cherchait à la deviner.

Quelquefois, le marchand, heureux de posséder cette réclame vivante, de nouveaux clients étant entrés, criait à l'autre bout du magasin : « Tenez, regardez ça, monsieur Jean Varin, est-ce beau ? » Alors toutes les têtes se levaient, et elle frissonnait de plaisir à être vue ainsi causant intimement avec un Illustre.

Grisée enfin, elle eut une audace suprême, comme les généraux qui vont donner l'assaut : « Monsieur, dit-elle, faites-moi un grand, un très grand plaisir. Permettez-moi de vous offrir ce magot comme souvenir d'une femme qui vous admire passionnément et que vous aurez vue dix minutes. »

Il refusa. Elle insistait. Il résista, très amusé, riant de grand cœur.

Elle, obstinée, lui dit : « Eh bien ! je vais le porter chez vous tout de suite ; où demeurez-vous ? »

Il refusa de donner son adresse ; mais elle, l'ayant demandée au marchand, la connut, et, son acquisition payée, elle se sauva vers un fiacre. L'écrivain courut pour la rattraper, ne voulant point s'exposer à recevoir ce cadeau, qu'il ne saurait à qui rapporter. Il la joignit quand elle sautait en voiture, et il s'élança, tomba presque sur elle, culbuté par le fiacre qui se mettait en route ; puis il s'assit à son côté, fort ennuyé.

Il eut beau prier, insister, elle se montra intraitable. Comme ils arrivaient devant la porte, elle posa ses conditions : « Je consentirai, dit-elle, à ne point vous laisser cela, si vous accomplissez aujourd'hui toutes mes volontés. »

La chose lui parut si drôle qu'il accepta.

Elle demanda : « Que faites-vous ordinairement à cette heure-ci ? »

Après un peu d'hésitation : « Je me promène », dit-il.

Alors, d'une voix résolue, elle ordonna : « Au Bois[1] ! »

Ils partirent.

Il fallut qu'il lui nommât toutes les femmes connues, surtout les impures, avec des détails intimes sur elles, leur vie, leurs habitudes, leur intérieur, leurs vices.

Le soir tomba. « Que faites-vous tous les jours à cette heure ? » dit-elle.

Il répondit en riant : « Je prends l'absinthe. »

Alors, gravement, elle ajouta : « Alors, monsieur, allons prendre l'absinthe. »

Ils entrèrent dans un grand café du boulevard qu'il fréquentait, et où il rencontra des confrères. Il les lui présenta tous. Elle était folle de joie. Et ce mot sonnait sans répit dans sa tête : « Enfin, enfin ! »

Le temps passait, elle demanda : « Est-ce l'heure de votre dîner ? »

---

1. Bois de Boulogne.

Il répondit : « Oui, madame.
— Alors, monsieur, allons dîner. »

En sortant du café Bignon : « Le soir que faites-vous ? » dit-elle.

Il la regarda fixement : « Cela dépend ; quelquefois je vais au théâtre.

— Eh bien, Monsieur, allons au théâtre. »

Ils entrèrent au Vaudeville, par faveur, grâce à lui, et, gloire suprême, elle fut vue par toute la salle à son côté, assise aux fauteuils de balcon.

La représentation finie, il lui baisa galamment la main :

« Il me reste, madame, à vous remercier de la journée délicieuse… » Elle l'interrompit : « À cette heure-ci, que faites-vous toutes les nuits ?

— Mais… mais… je rentre chez moi. »

Elle se mit à rire, d'un rire tremblant.

« Eh bien, monsieur… allons chez vous. »

Et ils ne parlèrent plus. Elle frissonnait par instants, toute secouée des pieds à la tête, ayant des envies de fuir et des envies de rester, avec, tout au fond du cœur, une bien ferme volonté d'aller jusqu'au bout.

Dans l'escalier, elle se cramponnait à la rampe, tant son émotion devenait vive ; et il montait devant, essoufflé, une allumette-bougie à la main.

Dès qu'elle fut dans la chambre, elle se déshabilla bien vite et se glissa dans le lit sans prononcer une parole ; et elle attendit blottie contre le mur.

Mais elle était simple comme peut l'être l'épouse légitime d'un notaire de province, et lui plus exigeant qu'un pacha à trois queues. Ils ne se comprirent pas, pas du tout.

Alors il s'endormit.

La nuit s'écoula, troublée seulement par le tic-tac de la pendule, et elle, immobile, songeait aux nuits conjugales ; et sous les rayons jaunes d'une lanterne chinoise elle regardait, navrée, à son côté, ce petit homme sur le dos, tout rond, dont le ventre en boule soulevait le drap comme un ballon gonflé de gaz. Il ronflait avec un bruit de tuyau d'orgue, des renâclements prolongés, des étranglements comiques. Ses vingt cheveux profitaient de son repos pour se rebrousser étrangement, fatigués de leur longue station fixe sur ce crâne nu dont ils devaient voiler les ravages. Et un filet de salive coulait d'un coin de sa bouche entrouverte.

L'aurore enfin glissa un peu de jour entre les rideaux fermés. Elle se leva, s'habilla sans bruit, et, déjà elle avait ouvert à moitié la porte, quand elle fit grincer la serrure et il s'éveilla en se frottant les yeux.

Il demeura quelques secondes avant de reprendre entièrement ses sens, puis, quand toute l'aventure lui fut revenue, il demanda : « Eh bien, vous partez ? »

Elle restait debout, confuse. Elle balbutia : « Mais oui, voici le matin. »

Il se mit sur son séant : « Voyons, dit-il, à mon tour, j'ai quelque chose à vous demander. »

Elle ne répondit pas, il reprit : « Vous m'avez bigrement étonné depuis hier. Soyez franche, avouez-moi pourquoi vous avez fait tout ça ; car je n'y comprends rien. »

Elle se rapprocha doucement, rougissante comme une vierge. « J'ai voulu connaître… le… le vice… eh bien… eh bien, ce n'est pas drôle. »

Et elle se sauva, descendit l'escalier, se jeta dans la rue.

L'armée des balayeurs balayait. Ils balayaient les trottoirs, les pavés, poussant toutes les ordures au ruisseau. Du même mouvement régulier, d'un mouvement de faucheurs dans les prairies, ils repoussaient les boues en demi-cercle devant eux ; et, de rue en rue, elle les retrouvait comme des pantins montés, marchant automatiquement avec un ressort pareil.

Et il lui semblait qu'en elle aussi on venait de balayer quelque chose, de pousser au ruisseau, à l'égout, ses rêves surexcités.

Elle rentra, essoufflée, glacée, gardant seulement dans sa tête la sensation de ce mouvement des balais nettoyant Paris au matin.

Et, dès qu'elle fut dans sa chambre, elle sanglota.

Promenade

Quand le père Leras, teneur de livres[1] chez MM. Labuze et Cie, sortit du magasin, il demeura quelques instants ébloui par l'éclat du soleil couchant. Il avait travaillé tout le jour sous la lumière jaune du bec de gaz, au fond de l'arrière-boutique, sur la cour étroite et profonde comme un puits. La petite pièce où depuis quarante ans il passait ses journées était si sombre que, même dans le fort de l'été, c'est à peine si on pouvait se dispenser de l'éclairer de onze heures à trois heures. Il y faisait toujours humide et froid ; et les émanations de cette sorte de fosse où s'ouvrait la fenêtre entraient dans la pièce obscure, l'emplissaient d'une odeur moisie et d'une puanteur d'égout.

M. Leras, depuis quarante ans, arrivait, chaque matin, à huit heures, dans cette prison ; et il y demeurait jusqu'à sept heures du soir, courbé sur ses livres, écrivant avec une application de bon employé.

Il gagnait maintenant trois mille francs par an, ayant débuté à quinze cents francs. Il était demeuré

Récit publié le 27 mai 1884 dans *Gil Blas*.
1. Employé qui tient les livres de comptabilité.

célibataire, ses moyens ne lui permettant pas de prendre femme. Et n'ayant jamais joui de rien, il ne désirait pas grand-chose. De temps en temps, cependant, las de sa besogne monotone et continue, il formulait un vœu platonique : « Cristi, si j'avais cinq mille livres de rentes, je me la coulerais douce. »

Il ne se l'était jamais coulée douce, d'ailleurs, n'ayant jamais eu que ses appointements mensuels.

Sa vie s'était passée sans événements, sans émotions et presque sans espérances. La faculté des rêves, que chacun porte en soi, ne s'était jamais développée dans la médiocrité de ses ambitions.

Il était entré à vingt et un ans chez MM. Labuze et Cie. Et il n'en était plus sorti.

En 1856, il avait perdu son père, puis sa mère en 1859. Et depuis lors, rien qu'un déménagement en 1868, son propriétaire ayant voulu l'augmenter.

Tous les jours son réveil-matin, à six heures précises, le faisait sauter du lit, par un effroyable bruit de chaîne qu'on déroule.

Deux fois, cependant, cette mécanique s'était détraquée, en 1866 et en 1874, sans qu'il eût jamais su pourquoi. Il s'habillait, faisait son lit, balayait sa chambre, époussetait son fauteuil et le dessus de sa commode. Toutes ces besognes lui demandaient une heure et demie.

Puis il sortait, achetait un croissant à la boulangerie Lahure, dont il avait connu onze patrons différents sans qu'elle perdît son nom, et il se mettait en route en mangeant ce petit pain.

Son existence tout entière s'était donc accomplie dans l'étroit bureau sombre tapissé du même papier. Il y était entré jeune, comme aide de M. Brument et avec le désir de le remplacer.

Il l'avait remplacé et n'attendait plus rien.

Toute cette moisson de souvenirs que font les autres hommes dans le courant de leur vie, les événements imprévus, les amours douces ou tragiques, les voyages aventureux, tous les hasards d'une existence libre lui étaient demeurés étrangers.

Les jours, les semaines, les mois, les saisons, les années s'étaient ressemblés. À la même heure, chaque jour, il se levait, partait, arrivait au bureau, déjeunait, s'en allait, dînait et se couchait, sans que rien eût jamais interrompu la régulière monotonie des mêmes actes, des mêmes faits, et des mêmes pensées.

Autrefois il regardait sa moustache blonde et ses cheveux bouclés dans la petite glace ronde laissée par son prédécesseur. Il contemplait maintenant, chaque soir, avant de partir, sa moustache blanche et son front chauve dans la même glace. Quarante ans s'étaient écoulés, longs et rapides, vides comme un jour de tristesse, et pareils comme les heures d'une mauvaise nuit ! Quarante ans dont il ne restait rien, pas même un souvenir, pas même un malheur, depuis la mort de ses parents. Rien.

Ce jour-là, M. Leras demeura ébloui, sur la porte de la rue, par l'éclat du soleil couchant ; et, au lieu de rentrer chez lui, il eut l'idée de faire un petit tour avant dîner, ce qui lui arrivait quatre ou cinq fois par an.

Il gagna les boulevards où coulait un flot de monde sous les arbres reverdis. C'était un soir de printemps, un de ces premiers soirs chauds et mous qui troublent les cœurs d'une ivresse de vie.

M. Leras allait de son pas sautillant de vieux ; il allait avec une gaieté dans l'œil, heureux de la joie universelle et de la tiédeur de l'air.

Il gagna les Champs-Élysées et continua de marcher, ranimé par les effluves de jeunesse qui passaient dans les brises.

Le ciel entier flambait ; et l'Arc de triomphe découpait sa masse noire sur le fond éclatant de l'horizon, comme un géant debout dans un incendie. Quand il fut arrivé auprès du monstrueux monument, le vieux teneur de livres sentit qu'il avait faim, et il entra chez un marchand de vins pour dîner.

On lui servit devant la boutique, sur le trottoir, un pied de mouton poulette, une salade et des asperges ; et M. Leras fit le meilleur dîner qu'il eût fait depuis longtemps. Il arrosa son fromage de Brie d'une demi-bouteille de bordeaux fin ; puis il but une tasse de café, ce qui lui arrivait rarement, et ensuite un petit verre de fine champagne.

Quand il eut payé, il se sentit tout gaillard, tout guilleret, un peu troublé même. Et il se dit : « Voilà une bonne soirée. Je vais continuer ma promenade jusqu'à l'entrée du bois de Boulogne. Ça me fera du bien. »

Il repartit. Un vieil air, que chantait autrefois une de ses voisines, lui revenait obstinément dans la tête :

> *Quand le bois reverdit,*
> *Mon amoureux me dit :*
> *Viens respirer, ma belle,*
> *Sous la tonnelle.*

Il le fredonnait sans fin, le recommençait toujours. La nuit était descendue sur Paris, une nuit sans vent, une nuit d'étuve. M. Leras suivait l'avenue du bois de Boulogne et regardait passer les fiacres. Ils arrivaient, avec leurs yeux brillants, l'un derrière l'autre, laissant voir une seconde un couple enlacé, la femme en robe claire et l'homme vêtu de noir.

C'était une longue procession d'amoureux, promenés sous le ciel étoilé et brûlant. Il en venait toujours, toujours. Ils passaient, passaient, allongés dans les voitures, muets, serrés l'un contre l'autre, perdus dans l'hallucination, dans l'émotion du désir, dans le frémissement de l'étreinte prochaine. L'ombre chaude semblait pleine de baisers qui voletaient, flottaient. Une sensation de tendresse alanguissait l'air, le faisait plus étouffant. Tous ces gens enlacés, tous ces gens grisés de la même attente, de la même pensée, faisaient courir une fièvre autour d'eux. Toutes ces voitures, pleines de caresses, jetaient sur leur passage comme une émanation subtile et troublante.

M. Leras, un peu las à la fin de marcher, s'assit sur un banc pour regarder défiler ces fiacres chargés d'amour. Et, presque aussitôt, une femme arriva près de lui et prit place à son côté.

« Bonjour, mon petit homme », dit-elle.

Il ne répondit point. Elle reprit :

« Laisse-toi aimer, mon chéri ; tu verras que je suis bien gentille. »

Il prononça :

« Vous vous trompez, madame. »

Elle passa un bras sous le sien :

« Allons, ne fais pas la bête, écoute… »

Il s'était levé, et il s'éloigna, le cœur serré.

Cent pas plus loin, une autre femme l'abordait :

« Voulez-vous vous asseoir un moment près de moi, mon joli garçon ? »

Il lui dit :

« Pourquoi faites-vous ce métier-là ? »

Elle se planta devant lui, et la voix changée, rauque, méchante :

« Nom de Dieu, ce n'est toujours pas pour mon plaisir. »

Il insista d'une voix douce :

« Alors, qu'est-ce qui vous pousse ? »

Elle grogna :

« Faut bien qu'on vive, c'te malice. »

Et elle s'en alla en chantonnant.

M. Leras demeurait effaré. D'autres femmes passaient près de lui, l'appelaient, l'invitaient.

Il lui semblait que quelque chose de noir s'étendait sur sa tête, quelque chose de navrant.

Et il s'assit de nouveau sur un banc. Les voitures couraient toujours.

« J'aurais mieux fait de ne pas venir ici, pensa-t-il, me voilà tout chose, tout dérangé. »

Il se mit à penser à tout cet amour, vénal ou passionné, à tous ces baisers, payés ou libres, qui défilaient devant lui.

L'amour ! il ne le connaissait guère. Il n'avait eu dans sa vie que deux ou trois femmes, par hasard, par surprise, ses moyens ne lui permettant aucun extra. Et il songeait à cette vie qu'il avait menée, si différente de la vie de tous, à cette vie si sombre, si morne, si plate, si vide.

Il y a des êtres qui n'ont vraiment pas de chance. Et tout d'un coup, comme si un voile épais se fût déchiré, il aperçut la misère, l'infinie, la monotone misère de son existence : la misère passée, la misère présente, la misère future ; les derniers jours pareils aux premiers, sans rien devant lui, rien derrière lui, rien autour de lui, rien dans le cœur, rien nulle part.

Le défilé des voitures allait toujours. Toujours il voyait paraître et disparaître, dans le rapide passage du fiacre découvert, les deux êtres silencieux et enlacés. Il lui semblait que l'humanité tout entière défilait devant lui, grise de joie, de plaisir, de bonheur. Et il était seul à la regarder, seul, tout à fait seul. Il serait encore seul demain, seul toujours, seul comme personne n'est seul.

Il se leva, fit quelques pas, et brusquement fatigué, comme s'il venait d'accomplir un long voyage à pied, il se rassit sur le banc suivant.

Qu'attendait-il ? Qu'espérait-il ? Rien. Il pensait qu'il doit être bon, quand on est vieux, de trouver, en rentrant au logis, des petits enfants qui babillent. Vieillir est doux quand on est entouré de ces êtres qui vous doivent la vie, qui vous aiment, vous caressent, vous disent ces mots charmants et niais qui réchauffent le cœur et consolent de tout.

Et, songeant à sa chambre vide, à sa petite chambre propre et triste, où jamais personne n'entrait que lui, une sensation de détresse lui étreignit l'âme. Elle lui apparut, cette chambre, plus lamentable encore que son petit bureau.

Personne n'y venait ; personne n'y parlait jamais. Elle était morte, muette, sans écho de voix humaine. On dirait que les murs gardent quelque chose des gens qui vivent dedans, quelque chose de leur allure, de leur figure, de leurs paroles. Les maisons habitées par des familles heureuses sont plus gaies que les demeures des misérables. Sa chambre était vide de souvenirs, comme sa vie. Et la pensée de rentrer dans cette pièce, tout seul, de se coucher dans son lit l'épouvanta. Et, comme pour s'éloigner davantage de ce logis sinistre et du moment où il faudrait y revenir, il se leva, et, rencontrant soudain la première allée du Bois, il entra dans un taillis pour s'asseoir sur l'herbe...

Il entendait autour de lui, au-dessus de lui, partout, une rumeur confuse, immense, continue, faite de bruits innombrables et différents, une rumeur sourde, proche, lointaine, une vague et énorme palpitation de vie : le souffle de Paris, respirant comme un être colossal.

....

Le soleil déjà haut versait un flot de lumière sur le bois de Boulogne. Quelques voitures commençaient à circuler ; et les cavaliers arrivaient gaiement.

Un couple allait au pas dans une allée déserte. Tout à coup, la jeune femme, levant les yeux, aperçut dans les branches quelque chose de brun ; elle leva la main, étonnée, inquiète :

« Regardez... qu'est-ce que c'est ? »

Puis, poussant un cri, elle se laissa tomber dans les bras de son compagnon qui dut la déposer à terre.

Les gardes, appelés bientôt, décrochèrent un vieux homme pendu au moyen de ses bretelles.

On constata que le décès remontait à la veille au soir. Les papiers trouvés sur lui révélèrent qu'il était teneur de livres chez MM. Labuze et Cie et qu'il se nommait Leras.

On attribua la mort à un suicide dont on ne put soupçonner les causes. Peut-être un accès subit de folie ?

27 mai 1884

L'Endormeuse

La Seine s'étalait devant ma maison, sans une ride, et vernie par le soleil du matin. C'était une belle, large, lente, longue coulée d'argent, empourprée par places ; et de l'autre côté du fleuve, de grands arbres alignés étendaient sur toute la berge une immense muraille de verdure.

La sensation de la vie qui recommence chaque jour, de la vie fraîche, gaie, amoureuse, frémissait dans les feuilles, palpitait dans l'air, miroitait sur l'eau.

On me remit les journaux que le facteur venait d'apporter et je m'en allai sur la rive, à pas tranquilles, pour les lire.

Dans le premier que j'ouvris, j'aperçus ces mots : « Statistique des suicides » et j'appris que, cette année, plus de huit mille cinq cents êtres humains se sont tués.

Instantanément, je les vis ! Je vis ce massacre, hideux et volontaire des désespérés las de vivre. Je vis

---

Récit publié le 16 septembre 1889 dans *L'Écho de Paris*.

des gens qui saignaient, la mâchoire brisée, le crâne crevé, la poitrine trouée par une balle, agonisant lentement, seuls dans une petite chambre d'hôtel, et sans penser à leur blessure, pensant toujours à leur malheur.

J'en vis d'autres, la gorge ouverte ou le ventre fendu, tenant encore dans leur main le couteau de cuisine ou le rasoir.

J'en vis d'autres, assis tantôt devant un verre où trempaient des allumettes, tantôt devant une petite bouteille qui portait une étiquette rouge.

Ils regardaient cela avec des yeux fixes, sans bouger ; puis ils buvaient, puis ils attendaient ; puis une grimace passait sur leurs joues, crispait leurs lèvres ; une épouvante égarait leurs yeux, car ils ne savaient pas qu'on souffrait tant avant la fin.

Ils se levaient, s'arrêtaient, tombaient et, les deux mains sur le ventre, ils sentaient leurs organes brûlés, leurs entrailles rongées par le feu du liquide, avant que leur pensée fût seulement obscurcie.

J'en vis d'autres pendus au clou du mur, à l'espagnolette de la fenêtre, au crochet du plafond, à la poutre du grenier, à la branche d'arbre, sous la pluie du soir. Et je devinais tout ce qu'ils avaient fait avant de rester là, la langue tirée, immobiles. Je devinais l'angoisse de leur cœur, leurs hésitations dernières, leurs mouvements pour attacher la corde, constater qu'elle tenait bien, se la passer au cou et se laisser tomber.

J'en vis d'autres couchés sur des lits misérables, des mères avec leurs petits enfants, des vieillards crevant la faim, des jeunes filles déchirées par des angoisses d'amour, tous rigides, étouffés, asphyxiés, tandis qu'au milieu de la chambre fumait encore le réchaud de charbon.

Et j'en aperçus qui se promenaient dans la nuit sur les ponts déserts. C'étaient les plus sinistres. L'eau coulait sous les arches avec un bruit mou. Ils ne la voyaient pas…, ils la devinaient en aspirant son odeur froide ! Ils en avaient envie et ils en avaient peur. Ils n'osaient point ! Pourtant, il le fallait. L'heure sonnait au loin à quelque clocher, et soudain, dans le large silence des ténèbres, passaient, vite étouffés, le claquement d'un corps tombant dans la rivière, quelques cris, un clapotement d'eau battue avec des mains. Ce n'était parfois aussi que le plouf de leur chute, quand ils s'étaient lié les bras ou attaché une pierre aux pieds.

Oh ! les pauvres gens, les pauvres gens, les pauvres gens, comme j'ai senti leurs angoisses, comme je suis mort de leur mort ! J'ai passé par toutes leurs misères ; j'ai subi, en une heure, toutes leurs tortures. J'ai su tous les chagrins qui les ont conduits là ; car je sens l'infamie trompeuse de la vie, comme personne, plus que moi, ne l'a sentie.

Comme je les ai compris, ceux qui, faibles, harcelés par la malchance, ayant perdu les êtres aimés, réveillés du rêve d'une récompense tardive, de l'illusion d'une autre existence où Dieu serait juste enfin, après avoir été féroce, et désabusés des mirages du bonheur, en ont assez et veulent finir ce drame sans trêve ou cette honteuse comédie.

Le suicide ! mais c'est la force de ceux qui n'en ont plus, c'est l'espoir de ceux qui ne croient plus, c'est le sublime courage des vaincus ! Oui, il y a au moins une porte à cette vie, nous pouvons toujours l'ouvrir et passer de l'autre côté. La nature a eu un mouvement de pitié ; elle ne nous a pas emprisonnés. Merci pour les désespérés !

Quant aux simples désabusés, qu'ils marchent devant eux l'âme libre et le cœur tranquille. Ils n'ont rien à craindre, puisqu'ils peuvent s'en aller ; puisque derrière eux est toujours cette porte que les dieux rêvés ne peuvent même fermer.

Je songeais à cette foule de morts volontaires : plus de huit mille cinq cents en une année. Et il me semblait qu'ils s'étaient réunis pour jeter au monde une prière, pour crier un vœu, pour demander quelque chose, réalisable plus tard, quand on comprendra mieux. Il me semblait que tous ces suppliciés, ces égorgés, ces empoisonnés, ces pendus, ces asphyxiés, ces noyés, s'en venaient, horde effroyable, comme des citoyens qui votent, dire à la société : « Accordez-nous au moins une mort douce ! Aidez-nous à mourir, vous qui ne nous avez pas aidés à vivre ! Voyez, nous sommes nombreux, nous avons le droit de parler, en ces jours de liberté, d'indépendance philosophique et de suffrage populaire. Faites à ceux qui renoncent à vivre l'aumône d'une mort qui ne soit point répugnante ni effroyable. »

....

Je me mis à rêvasser, laissant ma pensée vagabonder sur ce sujet en des songeries bizarres et mystérieuses.

Je me crus, à un moment, dans une belle ville. C'était Paris ; mais à quelle époque ? J'allais par les rues, regardant les maisons, les théâtres, les établissements publics, et voilà que, sur une place, j'aperçus un grand bâtiment, fort élégant, coquet et joli.

Je fus surpris, car on lisait sur la façade, en lettres d'or : « Œuvre de la mort volontaire. »

Oh ! étrangeté des rêves éveillés où l'esprit s'envole dans un monde irréel et possible ! Rien n'y étonne ; rien n'y choque ; et la fantaisie débridée ne distingue plus le comique et le lugubre.

Je m'approchai de cet édifice, où des valets en culotte courte étaient assis dans un vestibule, devant un vestiaire, comme à l'entrée d'un cercle.

J'entrai pour voir. Un d'eux, se levant, me dit :
« Monsieur désire ?
– Je désire savoir ce que c'est que cet endroit.
– Pas autre chose ?
– Mais non.
– Alors, Monsieur veut-il que je le conduise chez le secrétaire de l'œuvre ? »

J'hésitais. J'interrogeai encore :
« Mais, cela ne le dérangera pas ?
– Oh non, Monsieur, il est ici pour recevoir les personnes qui désirent des renseignements.
– Allons, je vous suis. »

Il me fit traverser des couloirs où quelques vieux messieurs causaient ; puis je fus introduit dans un beau cabinet, un peu sombre, tout meublé de bois noir. Un jeune homme, gras, ventru, écrivait une lettre en fumant un cigare dont le parfum me révéla la qualité supérieure.

Il se leva. Nous nous saluâmes, et quand le valet fut parti, il demanda :
« Que puis-je pour votre service ?
– Monsieur, lui répondis-je, pardonnez-moi mon indiscrétion. Je n'avais jamais vu cet établissement. Les quelques mots inscrits sur la façade m'ont fortement étonné ; et je désirerais savoir ce qu'on y fait. »

Il sourit avant de répondre, puis, à mi-voix, avec un air de satisfaction :
«Mon Dieu, monsieur, on tue proprement et doucement, je n'ose pas dire agréablement, les gens qui désirent mourir. »

Je ne me sentis pas très ému, car cela me parut en somme naturel et juste. J'étais surtout étonné qu'on eût pu, sur cette planète à idées basses, utilitaires, humanitaires, égoïstes et coercitives de toute liberté réelle, oser une pareille entreprise, digne d'une humanité émancipée.

Je repris :

« Comment en êtes-vous arrivé là ? »

Il répondit :

« Monsieur, le chiffre des suicides s'est tellement accru pendant les cinq années qui ont suivi l'Exposition universelle de 1889[1] que des mesures sont devenues urgentes. On se tuait dans les rues, dans les fêtes, dans les restaurants, au théâtre, dans les wagons, dans les réceptions du président de la République, partout. C'était non seulement un vilain spectacle pour ceux qui aiment bien vivre comme moi, mais aussi un mauvais exemple pour les enfants. Alors il a fallu centraliser les suicides.

– D'où venait cette recrudescence ?

– Je n'en sais rien. Au fond, je crois que le monde vieillit. On commence à y voir clair, et on en prend mal son parti. Il en est aujourd'hui de la destinée comme du gouvernement, on sait ce que c'est ; on constate qu'on est floué partout, et on s'en va. Quand on a reconnu que la Providence ment, triche, vole, trompe les humains comme un simple député ses électeurs, on se fâche, et comme on ne peut en nommer une autre tous les trois mois, ainsi que nous faisons pour nos représentants concessionnaires, on quitte la place, qui est décidément mauvaise.

– Vraiment !

---

[1]. L'Exposition universelle de Paris de 1889 connaît un immense succès. On y inaugure la tour Eiffel.

– Oh ! moi, je ne me plains pas.

– Voulez-vous me dire comment fonctionne votre œuvre ?

– Très volontiers. Vous pourrez d'ailleurs en faire partie quand il vous plaira. C'est un cercle.

– Un cercle !!...

– Oui, monsieur, fondé par les hommes les plus éminents du pays, par les plus grands esprits et les plus claires intelligences. »

Il ajouta, en riant de tout son cœur :

« Et je vous jure qu'on s'y plaît beaucoup.

– Ici ?

– Oui, ici.

– Vous m'étonnez.

– Mon Dieu ! on s'y plaît parce que les membres du cercle n'ont pas cette peur de la mort qui est la grande gâcheuse des joies sur la terre.

– Mais alors, pourquoi sont-ils membres de ce cercle, s'ils ne se tuent pas ?

– On peut être membre du cercle sans se mettre pour cela dans l'obligation de se tuer.

– Mais alors ?

– Je m'explique. Devant le nombre démesurément croissant des suicides, devant les spectacles hideux qu'ils nous donnaient, s'est formée une société de pure bienfaisance, protectrice des désespérés, qui a mis à leur disposition une mort calme et insensible, sinon imprévue.

– Qui donc a pu autoriser une pareille œuvre ?

– Le général Boulanger, pendant son court passage au pouvoir[1]. Il ne savait rien refuser. Il n'a fait que cela de bon, d'ailleurs. Donc, une société s'est formée d'hommes clairvoyants, désabusés, sceptiques, qui ont voulu élever en plein Paris une sorte de temple du mépris de la mort. Elle fut d'abord, cette maison, un endroit redouté, dont personne n'approchait. Alors, les fondateurs, qui s'y réunissaient, y ont donné une grande soirée d'inauguration avec Mmes Sarah Bernhardt, Judic, Théo, Granier et vingt autres, MM. de Reszké, Coquelin, Mounet-Sully, Paulus, etc. ; puis des concerts, des comédies de Dumas, de Meilhac, d'Halévy, de Sardou. Nous n'avons qu'un four, une pièce de M. Becque[2] qui a semblé triste, mais qui a eu ensuite

---

1. Le général Boulanger (1837-1891) est ministre de la Guerre du 7 janvier 1886 au 17 mai 1887.
2. La comédienne Sarah Bernhardt (1844-1923) ; les chanteuses et actrices Anna Judic (1852-1939), Louise Théo et Jeanne Granier (1852-1939); le chanteur basse Édouard de Reszké (1853-1917) ; son frère le ténor Jean de Reszké (1850-1925) ; les comédiens Constant Coquelin, dit Coquelin l'aîné (1841-1916), son frère Ernest (1848-1909), dit Coquelin le cadet, et Jean Mounet-Sully (1841-1916) ; le chanteur de café-concert Paulus (1845-1908) ; le romancier et auteur dramatique Alexandre Dumas fils (1824-1895) ; les écrivains Henri Meilhac (1830-1897) et Ludovic Halévy (1834-1908), collaborateurs pour des livrets d'opéra ; les auteurs dramatiques Victorien Sardou (1831-1908) et Henry Becque (1837-1899) : tous ces artistes connaissent à l'époque un grand succès.

un très grand succès à la Comédie-Française. Enfin tout Paris est venu. L'affaire était lancée.

— Au milieu des fêtes ! Quelle macabre plaisanterie !

— Pas du tout. Il ne faut pas que la mort soit triste, il faut qu'elle soit indifférente. Nous avons égayé la mort, nous l'avons fleurie, nous l'avons parfumée, nous l'avons faite facile. On apprend à secourir par l'exemple ; on peut voir, ça n'est rien.

— Je comprends fort bien qu'on soit venu pour les fêtes ; mais est-on venu pour… Elle ?

— Pas tout de suite, on se méfiait.

— Et plus tard ?

— On est venu.

— Beaucoup ?

— En masse. Nous en avons plus de quarante par jour. On ne trouve presque plus de noyés dans la Seine.

— Qui est-ce qui a commencé ?

— Un membre du cercle.

— Un dévoué ?

— Je ne crois pas. Un embêté, un décavé, qui avait eu des différences énormes au baccara, pendant trois mois.

— Vraiment ?

— Le second a été un Anglais, un excentrique. Alors, nous avons fait de la réclame dans les journaux, nous avons raconté notre procédé, nous avons inventé des morts capables d'attirer. Mais le grand mouvement a été donné par les pauvres gens.

– Comment procédez-vous ?

– Voulez-vous visiter ? Je vous expliquerai en même temps.

– Certainement. »

Il prit son chapeau, ouvrit la porte, me fit passer puis entrer dans la salle de jeu où des hommes jouaient comme on joue dans tous les tripots. Il traversa ensuite divers salons. On y causait vivement, gaiement. J'avais rarement vu un cercle aussi vivant, aussi animé, aussi rieur.

Comme je m'en étonnais :

« Oh ! reprit le secrétaire, l'œuvre a une vogue inouïe. Tout le monde chic de l'univers entier en fait partie pour avoir l'air de mépriser la mort. Puis, une fois qu'ils sont ici, ils se croient obligés d'être gais afin de ne pas paraître effrayés. Alors, on plaisante, on rit, on blague, on a de l'esprit et on apprend à en avoir. C'est certainement aujourd'hui l'endroit le mieux fréquenté et le plus amusant de Paris. Les femmes mêmes s'occupent en ce moment de créer une annexe pour elles.

– Et malgré cela, vous avez beaucoup de suicides dans la maison ?

– Comme je vous l'ai dit, environ quarante ou cinquante par jour. Les gens du monde sont rares ; mais les pauvres diables abondent. La classe moyenne aussi donne beaucoup.

– Et comment... fait-on ?

– On asphyxie... très doucement.

– Par quel procédé ?

– Un gaz de notre invention. Nous avons un brevet. De l'autre côté de l'édifice, il y a les portes du public. Trois petites portes donnant sur de petites rues. Quand un homme ou une femme se présente, on commence à l'interroger ; puis on lui offre un secours, de l'aide, des protections. Si le client accepte, on fait une enquête et souvent nous en avons sauvé.

– Où trouvez-vous l'argent ?

– Nous en avons beaucoup. La cotisation des membres est fort élevée. Puis il est de bon ton de donner à l'œuvre. Les noms de tous les donateurs sont imprimés dans *Le Figaro*. Or tout suicide d'homme riche coûte mille francs. Et ils meurent à la pose. Ceux des pauvres sont gratuits.

– Comment reconnaissez-vous les pauvres ?

– Oh ! oh ! monsieur, on les devine ! Et puis ils doivent apporter un certificat d'indigents du commissaire de police de leur quartier. Si vous saviez comme c'est sinistre, leur entrée ! J'ai visité une fois seulement cette partie de notre établissement, je n'y retournerai jamais. Comme local, c'est aussi bien qu'ici, presque aussi riche et confortable ; mais eux... Eux !!! Si vous les voyiez arriver, les vieux en guenilles qui viennent mourir ; des gens qui crèvent de misère depuis des mois, nourris au coin des bornes comme les chiens des rues ; des femmes en haillons, décharnées, qui sont malades, paralysées, incapables de trouver leur vie et qui nous disent, après avoir raconté leur cas : "Vous voyez bien que ça ne peut pas continuer, puisque je ne peux plus rien faire et rien gagner, moi." J'en ai vu venir une de quatre-vingt-sept ans, qui avait perdu tous ses enfants et petits-enfants, et qui, depuis six semaines, couchait dehors. J'en ai été malade d'émotion. Puis, nous avons tant de cas différents, sans compter les gens qui ne disent rien et qui demandent simplement : "Où est-ce ?" Ceux-là, on les fait entrer, et c'est fini tout de suite. »

Je répétai, le cœur crispé :

« Et... où est-ce ?

– Ici. »

Il ouvrit une porte en ajoutant :

« Entrez, c'est la partie spécialement réservée aux membres du cercle, et celle qui fonctionne le moins. Nous n'y avons eu encore que onze anéantissements.

– Ah ! vous appelez cela un... anéantissement.

– Oui, monsieur. Entrez donc. »

J'hésitais. Enfin j'entrai. C'était une délicieuse galerie, une sorte de serre, que des vitraux d'un bleu pâle, d'un rose tendre, d'un vert léger, entouraient poétiquement de paysages de tapisseries. Il y avait dans ce joli salon des divans, de superbes palmiers, des fleurs, des roses surtout, embaumantes, des livres sur des tables, la *Revue des Deux Mondes*[1], des cigares en des boîtes de la régie, et, ce qui me surprit, des pastilles de Vichy dans une bonbonnière.

---

1. Importante revue culturelle et politique créée en 1829.

Comme je m'en étonnais :

« Oh ! on vient souvent causer ici », dit mon guide.

Il reprit :

« Les salles du public sont pareilles, mais plus simplement meublées. »

Je demandais :

« Comment fait-on ? »

Il désigna du doigt une chaise longue, couverte de crêpe de Chine crémeux, à broderies blanches, sous un grand arbuste inconnu, au pied duquel s'arrondissait une plate-bande de réséda.

Le secrétaire ajouta d'une voix plus basse :

« On change à volonté la fleur et le parfum, car notre gaz, tout à fait imperceptible, donne à la mort l'odeur de la fleur qu'on aima. On le volatilise avec des essences. Voulez-vous que je vous le fasse aspirer une seconde ?

– Merci, lui dis-je vivement, pas encore... »

Il se mit à rire.

« Oh ! monsieur, il n'y a aucun danger. Je l'ai moi-même constaté plusieurs fois. »

J'eus peur de lui paraître lâche. Je repris :

« Je veux bien.

– Étendez-vous sur l'*Endormeuse.* »

Un peu inquiet, je m'assis sur la chaise basse en crêpe de Chine, puis je m'allongeai, et presque aussitôt je fus enveloppé par une odeur délicieuse de réséda. J'ouvris la bouche pour la mieux boire, car mon âme déjà s'était engourdie, oubliait, savourait, dans le premier trouble de l'asphyxie, l'ensorcelante ivresse d'un opium enchanteur et foudroyant.

Je fus secoué par le bras.

« Oh ! oh ! monsieur, disait en riant le secrétaire, il me semble que vous vous y laissez prendre. »

....

Mais une voix, une vraie voix, et non plus celle des songeries, me saluait avec un timbre paysan :

« Bonjour, m'sieu. Ça va-t-il ? »

Mon rêve s'envola. Je vis la Seine claire sous le soleil, et, arrivant par un sentier, le garde champêtre du pays, qui touchait de sa main droite son képi noir galonné d'argent. Je répondis :

« Bonjour, Marinel. Où allez-vous donc ?

– Je vais constater un noyé qu'on a repêché près des Morillons. Encore un qui s'a jeté dans le bouillon. Même qu'il avait retiré sa culotte pour s'attacher les jambes avec. »

16 septembre 1889

Impasses de Paris

Dans les années 1880, Paris a changé. Les travaux du préfet Haussmann ont remodelé la ville, lui apportant, avec l'hygiène et la ligne droite, « l'uniformisation et la plus grande facilité de contrôle qui s'ensuivent, le boulevard généralisé, la dialectique du centre et de la périphérie[1] ». La capitale du XIXe siècle, comme l'appellera Walter Benjamin, abrite en son sein l'essor visible de la modernité. Elle vaque à ses affaires, prépare l'avenir, assouvit des soifs de travail, de conquête, de plaisir.

Repaire de l'ostentation, fourmillant d'enseignes, Paris étale ses séductions. Pourtant, malgré l'affairement généralisé, ce monde de signes est un leurre. Maupassant ne s'y trompe pas. Il a beau en pénétrer la « rumeur confuse, immense, continue », ses contes parisiens glissent sur les apparences – ils présentent d'ailleurs très peu de descriptions. Fébrile, futile, factice, la vie parisienne lui échappe : elle semble improbable, comme frappée d'évanescence.

Dans *Une aventure parisienne*, une provinciale quitte mari et enfants pour rejoindre la capitale. Le cœur de cette cousine éloignée et anonyme[2] d'Emma Bovary[3] s'est en effet laissé prendre aux miroitements de Paris où l'on entrevoit « des horizons de jouissances coupables et ravageantes ». Frémissant « d'une curiosité inassouvie, d'une démangeaison d'inconnu » et se connaissant mal elle-même, elle imagine que le Paris raffiné, corrompu et vicieux lui tend les bras. Sur place, la réalité semble se joindre au rêve quand par hasard elle rencontre le célèbre écrivain Jean Varin, tout auréolé d'un *nom* et d'une *œuvre*. Elle en fait la conquête au pas de charge pour se retrouver dans son lit la nuit même. L'ampleur idéalisée de la Ville lumière se rétrécit alors aux dimensions triviales d'une chambre bourgeoise. Du fantasme à la réalité, il n'y a que le pas d'une déconvenue nocturne. Après la mésentente sexuelle, la provinciale dépitée dresse un constat amer tandis que Maupassant note les disgrâces physiologiques de l'écrivain au petit matin : « Il ronflait avec un bruit de tuyau d'orgue, des renâclements prolongés, des étranglements comiques. Ses vingt cheveux profitaient de son repos pour se rebrousser étrangement, fatigués de leur longue station fixe sur ce crâne nu dont ils devaient voiler les ravages. Et un filet de salive coulait d'un coin de sa bouche entrouverte. »

Quant à la ville réelle, telle qu'y vivent au jour le jour les Parisiens eux-mêmes, il paraît bien difficile de s'y faire une place. Maupassant aborde l'intimité parisienne du côté des petits employés. À ses débuts à Paris en 1872, au ministère de la Marine, il « a souffert comme eux de cette existence impécunieuse, monotone et confinée [4] ». Il connaît donc leur condition : « On ne le croit pas. On ne le sait point. Ils sont impuissants à se plaindre ; ils ne peuvent pas se révolter ; ils restent liés, bâillonnés dans leur misère, leur misère correcte, leur misère de bachelier. » [5] L'employé devenu écrivain réaliste trouve les sources de son inspiration dans son environnement concret, et le territoire parisien imprègne des romans comme *Bel-Ami* ou *Fort comme la mort*, ainsi que nombre de nouvelles.

Amoureux de la nature (depuis les attaches normandes jusqu'aux paysages méditerranéens fréquentés plus tardivement), Maupassant demeure un Parisien plutôt contraint. Ce qu'il aime surtout de Paris, c'est sa périphérie, sa banlieue verdoyante. En 1880, vivant et viveur, sportif et blagueur, il partage avec les personnages des *Dimanches d'un bourgeois de Paris* la même « soif d'idéal champêtre » et en leur compagnie se promène à Colombes, Bezons, Argenteuil, Chatou, Maisons-Laffitte, Poissy et Médan. En bord de Seine, sa gaieté impressionniste trouve à se rassasier : baignades, pêche, canotage, régates, flirt, « charme pénétrant des berges et [...] grâce frêle des roseaux ».

Les Dimanches... donne à voir la naissance d'une société de loisirs. La Troisième République petite-bourgeoise s'amuse. Le divertissement bat son plein. Le dimanche, M. Patissot, employé au ministère, s'adonne ainsi à des joies simples. Aux délassements physiques, il ajoute les délices de la culture (visite d'un musée préhistorique ou des maisons d'artistes vivants) et les plaisirs de la politique. Au cours d'un dîner entre collègues du ministère, surgit le spectre de l'anarchisme. À une réunion publique féministe, la verve misogyne de Maupassant s'égaye à « cette odeur de chien mouillé, que dégagent toujours les jupes des vieilles filles, avec un reste de parfums suspects des bals publics ». Arrivé là par hasard, M. Patissot écoute stupéfait oratrices et orateurs, et découvre certains effets imprévus de l'instruction publique : grâce à elle, de plus en plus « la bêtise latente se dégage ».

On pense au Tartarin de Daudet (le « tout petit poisson » pêché est l'équivalent fluvial du lion aveugle abattu par le Tarasconnais dans la plaine du Chéliff) et surtout au Pécuchet de Flaubert, mais un Pécuchet qui chercherait son Bouvard. Célibataire quinquagénaire dont « le bon sens confine à la bêtise », M. Patissot est à la recherche d'un modèle : « Ce besoin d'imitation devint bientôt son idée fixe. » Adepte du mimétisme social, il adore se fondre dans la foule des fêtes populaires et patriotiques : « Ô bousculade, éreintement, sueurs et poussière, vociférations, remous de chair humaine, extermination des cors aux pieds, ahurissement de toute pensée, senteurs affreuses, remuements inutiles, haleines des multitudes, brises à l'ail, donnez à M. Patissot toute la joie que peut contenir son cœur ! »

Dans *Promenade*, récit publié en 1884, un autre petit employé vivant depuis quarante ans à *ras* de terre tel un *rat* « au fond de l'arrière-boutique », le bien nommé M. Leras, prend soudain conscience de la vacuité de son existence. Faisant le bilan de sa vie, il constate qu'« il ne restait rien, pas même un souvenir, pas même un malheur, depuis la mort de ses parents. Rien ». Une dernière promenade au bois de Boulogne le délivre alors de « la régulière monotonie des mêmes actes, des mêmes faits, des mêmes pensées ». Au petit matin, deux passants découvrent le *rien* accroché aux branches d'un arbre : Leras s'y est pendu « au moyen de ses bretelles ».

Au-delà de ce drame de la solitude individuelle, voici que dans le Paris crépusculaire de *L'Endormeuse*, le suicide prend une tournure collective[6]. Le néant prolifère, le nihilisme essaime.

« D'où venait cette recrudescence ?

– Je n'en sais rien. Au fond, je crois que le monde vieillit. »

Maupassant retrouve ici, en 1889, l'eau comme l'élément morbide fréquenté dès le début de son œuvre [7]. Les âmes énervées plongent dans la mort comme dans l'eau. Avec le temps, la Seine cesse d'être « ce fleuve adorable et doux qui passe au cœur de la France » et qu'admirait béatement Patissot, pour devenir le déversoir flasque des désespérances : « L'eau coulait sous les arches avec un bruit mou. » On ne se baigne plus dans la Seine, on s'y noie.

Toujours est-il que devant la kyrielle des noyés qui viennent rejoindre la « horde effroyable » de « tous ces suppliciés, ces égorgés, ces empoisonnés, ces pendus, ces asphyxiés », on en vient à construire l'« Œuvre de la mort volontaire », bâtiment de salut public destiné à accompagner et à accélérer, par les grâces « d'un opium enchanteur et foudroyant », les derniers moments des candidats au grand départ. Avec cette rêverie autour d'un *suicide-club* à la française, Maupassant habille la Capitale en Nécropole.

À travers ces quatre contes, Maupassant fait la satire bouffonne de la bourgeoisie puis montre les dérapages nerveux de la fin du siècle. *Une aventure parisienne* rappelle que Paris est un mirage. Fantômes ou pantins, ses habitants réagissent comme ils peuvent à un non-sens qui les guette de toutes parts. Dans *Les Dimanches…*, la menace de l'absurdité est conjurée par toute une série de divertissements et par la bêtise native d'un personnage ainsi dispensé de toute conscience aiguë. Mais elle est conduite à son terme avec une implacable lucidité dans *Promenade* et avec une frénésie fantastique dans *L'Endormeuse*.

S'étourdir ou se tuer, il faut choisir. Sexe et sport, sinon suicide. Oscillant longtemps entre Courteline et Schopenhauer, entre gaudriole et bile noire, Maupassant le cyclothymique se laisse toutefois gagner peu à peu par les dérèglements du nervosisme. En ces années de syphilis inexorable [8], il suit son chemin. Il en connaît l'issue : douleur, dédoublement, démence [9]. Mais il avance crânement.

JÉROME SOLAL

Notes
1. Jean-Pierre A. Bernard, *Les Deux Paris. Les Représentations de Paris dans la seconde moitié du XIXe siècle*, Champ Vallon, coll. « Époques », 2001, p. 182.
2. Maupassant ne lui donne ni nom ni prénom.
3. Flaubert, autre Normand, joue le rôle de tuteur, de père spirituel. Lorsque la première œuvre de Maupassant est publiée dans *Les Soirées de Médan*, il l'intronise d'emblée grand écrivain : « Mais il me tarde de vous dire que je considère *Boule de Suif* comme un *chef-d'œuvre*. Oui ! jeune homme ! Ni plus ni moins cela est d'un maître » (lettre du 1er février 1880, *Correspondance*, Gallimard, coll. « Folio Classique », 1998, p. 747).
4. Jacques Réda, *Album Maupassant*, Gallimard, 1987, p. 71.
5. « Les Employés », *Le Gaulois* du 4 janvier 1882, texte reproduit dans *Choses et autres. Choix de chroniques littéraires et mondaines (1876-1890)*, éd. Jean Balsamo, Le Livre de Poche Classique, 1993, p. 325.
6. Dans la nuit du 1er janvier 1892, Maupassant lui-même tente de se donner la mort en se tranchant la gorge. Il est alors hospitalisé à la clinique du docteur Blanche, d'où il ne sortira plus.

7. Publié en 1876 dans *Le Bulletin français* sous le titre « En canot », le récit « Sur l'eau » développe déjà cet imaginaire morbide de l'eau. *Cf. La Nuit et autres nouvelles fantastiques*, Mille et une nuits, 2000.
8. Voir Alphonse Daudet, *La Doulou*, Mille et une nuits, 2002.
9. « Pourtant les fous m'attirent, et toujours je reviens vers eux, appelé malgré moi par ce mystère banal de la démence » (*Madame Hermet* [1888], dans *L'Inconnue et autres portraits de femmes*, Mille et une nuits, 2003, p. 26).

Vie de Guy de Maupassant

5 août 1850. Naissance, au château de Miromesnil, près de Dieppe, de Guy de Maupassant.

1856. Naissance d'Hervé, frère de Guy.

1860. Séparation des parents. Les enfants sont élevés par leur mère, Laure, dans la propriété familiale des Verguies, à Étretat. Le frère aîné de Laure, Alfred, disparu en 1848, était un ami d'enfance de Flaubert. Les deux familles sont restées liées.

1863-1869. Mme de Maupassant place Guy comme pensionnaire au séminaire d'Yvetot. En 1867, il rencontre Flaubert pour la première fois. Renvoyé « pour irréligion et scandales divers », il entre au lycée Corneille, à Rouen, et obtient son baccalauréat ès lettres à Caen.

1870-1872. La guerre éclatant, Maupassant est incorporé dans l'intendance. Il assiste à l'invasion de la Normandie. Ayant trouvé un remplaçant, il quitte l'armée et occupe un emploi au ministère de la Marine, à Paris.

1873-1879. Flaubert introduit Maupassant dans la société des lettrés de l'époque : Huysmans, Zola, Tourgueniev, Edmond de Goncourt... En 1878,

Maupassant se fait muter au ministère de l'Instruction publique.

1880. Publication du premier livre de Maupassant : *Des vers*, recueil des poèmes qu'il a composés depuis 1872. En 1880 paraissent aussi *Les Soirées de Médan*, recueil collectif dans lequel Maupassant publie sa nouvelle *Boule de Suif*. Le succès de l'œuvre pousse Maupassant à abandonner la poésie et à donner sa démission du ministère. Très vite, il devient un écrivain à la mode, sans toutefois participer à la vie mondaine qu'il méprise. Mort de Flaubert. Voyage en Corse. Liaison avec Gisèle d'Estoc.

1881. Publication de *La Maison Tellier*. Voyage en Algérie. « Lettres d'Afrique », chronique publiée dans *Le Gaulois*. Collaboration à *Gil Blas*.

1882. Publication de *Mademoiselle Fifi*.

1883. Publication d'*Une vie*, des *Contes de la bécasse* et de *Clair de lune*. Cure à Châtelguyon. Il se fait construire une maison, La Guillette, sur le terrain que lui a offert sa mère à Étretat.

1884. Nombreuses publications : *Miss Harriet*, *Les Sœurs Rondoli*, *Mon oncle Jules*, *Le Cas de Madame Luneau*, *Yvette* et un récit de voyages, *Au soleil*. Liaison avec la comtesse Potocka.

1885. Publication de *Bel-Ami*, des *Contes du jour et de la nuit* et de *Monsieur Parent*. Voyage en Italie et cure en Auvergne.

1886. Publication de *La Bête à Maît' Belhomme*, de *La Petite Roque* et de *Toine*. Voyage en Angleterre.

1887. Publication de *Mont-Oriol*, inspiré du séjour en Auvergne, et du *Horla*, œuvre qui montre un Maupassant aux prises avec les premiers symptômes de sa maladie, en proie à des hallucinations qu'en observateur réaliste il parvient encore à retranscrire. Liaison avec Hermine Lecomte du Nouÿ. Voyage en Afrique du Nord.

1888. Voyage en Tunisie. Publication du roman *Pierre et Jean*, de *Sur l'eau* et du *Rosier de Madame Husson*.

1889. Publication de *La Main gauche* et de *Fort comme la mort*, livre marqué par l'inquiétude et la tristesse. Séjours en Tunisie et dans le midi de la France. En décembre, décès de son frère Hervé.

1890. Publication de *La Vie errante*, livre d'impressions de voyages, et de *L'Inutile Beauté*. Séjour à Aix-les-Bains et cure à Plombières. Voyage en Afrique du Nord.

1891. Maupassant se rend compte qu'il est en train de sombrer dans la folie sans aucun espoir de guérison. Convaincu d'être perdu, il rédige son testament.

1892. Après avoir rendu visite à sa mère, Maupassant tente de se trancher la gorge dans la nuit du 1er au 2 janvier. Ramené à Paris, il est hospitalisé dans la clinique du Dr Blanche.

1893. Après dix-huit mois d'inconscience quasi permanente, Guy de Maupassant meurt le 6 juillet. Il sera inhumé au cimetière Montparnasse.

Repères bibliographiques

ŒUVRES DE GUY DE MAUPASSANT
- *Bel-Ami*, Le Livre de poche, 1979.
- *Boule de Suif*, Mille et une nuits, 2000.
- *La Chevelure et autres histoires de fous*, Mille et une nuits, 2002.
- *Contes de la bécasse*, Flammarion, 1974.
- *Contes et Nouvelles*, Laffont, collection « Bouquins », 1988.
- *Contes et Nouvelles*, Gallimard, La Pléiade (2 volumes), 1974, 1979.
- *Le Horla*, Mille et une nuits, 1994.
- *L'Inconnue et autres portraits de femmes*, Mille et une nuits, 2003.
- *Mont-Oriol*, Gallimard, collection « Folio », 1976.
- *La Nuit et autres nouvelles fantastiques*, Mille et une nuits, 2000.
- *La Peur*, Mille et une nuits, 2001.
- *Pierre et Jean*, Mille et une nuits, 1999.
- *Romans*, Gallimard, La Pléiade, 1987.
- *Le Rosier de Madame Husson et autres contes roses*, Presses-Pocket, 1993.
- *Les Sœurs Rondoli*, Mille et une nuits, 1996.
- *Un fils*, Mille et une nuits, 1993.
- *Une vie*, Presses-Pocket, 1992.

ÉTUDES SUR GUY DE MAUPASSANT
- BIENVENU (Jacques), *Maupassant, Flaubert et* Le Horla, Muntaner, 1993.
- BONNEFIS (Philippe), *Comme Maupassant*, Presses universitaires de Lyon, 1981.
- BROCHIER (Jean-Jacques), *Maupassant, 1er février 1880*, J.-C. Lattès, 1993.
- CHESSEX (Jacques), *Maupassant et les autres*, Ramsay, 1981.
- DELAISEMENT (Gérard), *La Modernité de Maupassant*, Rive droite, 1995.
- JAMES (Henry), *Sur Maupassant*, Éditions Complexe, 1987.
- LANOUX (Armand), *Maupassant, le Bel-Ami*, Le Livre de poche, 1983.
- TROYAT (Henri), *Guy de Maupassant*, Le Livre de poche, 1991.
- SAVINIO (Alberto), *Maupassant et l'Autre*, Gallimard, 1977.
- SCHMIDT (Albert-Marie), *Maupassant par lui-même*, Le Seuil, 1976.

Mille et une nuits propose des chefs-d'œuvre pour le temps
d'une attente, d'un voyage, d'une insomnie…

La Petite Collection (extrait du catalogue) 490. David HUME, *Du commerce et du luxe.* 491. Jean-Marc PARISIS, *Renvoi d'ascenseur.* 492. Patrick BESSON, *Zodiaque amoureux.* 493. Sébastien BAILLY, *Le Meilleur des jeux de mots.* 495. PLATON, *Protagoras.* 496. Marcel PROUST, *L'Indifférent et autres textes de jeunesse.* 497. PÉTRONE, *Le Dîner chez Trimalchion.* 498. Alain CRÉHANGE, *L'Anarchiviste et le Biblioteckel. Dictionnaire de mots-valises.* 499. Arthur SCHOPENHAUER, *Au-delà de la philosophie universitaire.* 500. Henry David THOREAU, *La Moelle de la vie. 500 aphorismes.* 501. Jérôme LEROY, *Rêve de cristal : Arques, 2064.* 502. Patrick BESSON, *L'Orgie échevelée.* 503. Paul CÉZANNE, *La Peinture couillarde. Propos choisis.* 504. Léon PINSKER, *Autoémancipation ! Avertissement d'un Juif russe à ses frères.* 505. Claude CAHUN, *Héroïnes.* 506. VOLTAIRE, *Le Fanatisme ou Mahomet le Prophète.* 507. Philarète CHASLES, *Vie de Daniel Defoe.* 508. Emmanuel KANT–Moses MENDELSSOHN, *Qu'est-ce que les Lumières ?* 509. Henry David THOREAU, *De l'esclavage. Plaidoyer pour John Brown.* 510. VOLTAIRE, *Histoire des croisades.* 511. Patrick BESSON, *La Titanic.* 512. Michel CHEVALIER, *Système de la Méditerranée.* 513. Ambroise VOLLARD, *Le Père Ubu à la guerre.* 514. Car Von CLAUSEWITZ, *Principes fondamentaux de stratégie militaire.* 515. Frédéric PAGES, *Philosopher ou l'art de clouer le bec aux femmes.* 516. Johann Gottlieb FICHTE, *De la liberté de penser.* 517. Victor HUGO, *Lettres à Léonie.* 518. Jean JAURES, *Il faut sauver les Arméniens.* 519. Alfred JARRY, *L'Amour en visites.* 520. Ernest FEYDEAU, *Souvenirs d'une cocodette, écrits par elle-même.* 521. Sylvie TESTUD, *Gamines (théâtre).* 522. Sylvain MARÉCHAL, *Projet d'une loi portant défense d'apprendre à lire aux femmes.* 523. Joris-Karl HUYSMANS, *Gilles de Rais.* 524. Michel FRIEDMAN, *Mythologies du vocabulaire.* 525. Lord CHESTERFIELD, *Conseils à mon fils. Choix de lettres.* 526. Karl MARX, *La Guerre civile en France.* 527. Jean-Baptiste BOTUL, *La Métaphysique du Mou.*

Pour chaque titre, le texte intégral, une postface,
la vie de l'auteur et une bibliographie.

49.4915.03.2
N° d'édition : 92097
Achevé d'imprimer en juillet 2007,
par Liber Duplex (Barcelone, Espagne).

Pour l'Éditeur, le principe est d'utiliser des papiers composés de fibres naturelles, renouvelables, recyclables et fabriquées à partir de bois issus de forêts qui adoptent un système d'aménagement durable. En outre, l'éditeur attend de ses fournisseurs de papier qu'ils s'inscrivent dans une démarche de certification environnementale reconnue.